Das fröhliche Leben

Der Gnome

Graustufen-Malbuch

Jelana art coloring

Geen enkel deel van dit boek mag worden gereproduceerd in welke vorm of formaat dan ook, inclusief elektronisch, digitaal of fysiek kopiëren, anders dan voor persoonlijk of gezinsgebruik. De enige uitzondering is de distributie van afbeeldingen of video's die bedoeld zijn voor een recensie over dit boek. Iedere overtreder zal strafrechtelijk vervolgd worden.

Jelena Art Coloring@All Rights Reserved - Standaard copyrightlicentie

Bedankt voor uw vertrouwen. Met genoegen presenteren wij u deze verzameling prachtige Gnomes in hun dagelijks leven. We stoppen al onze liefde en zachtheid in hun mooie gelaatstrekken en we hopen dat ze het kind in jou raken.

Als je dit boek leuk vindt, overweeg dan om een recensie achter te laten. Dit helpt ons onze publicaties te verbeteren en geeft vertrouwen aan de mensen die ze lezen.

Wij wensen je urenlange ontsnapping in het gezelschap van deze schattige Gnomes, de een nog mooier dan de ander.

Hartelijk dank namens Jelena Art Coloring

Jelena Art Coloring is een klein familieteam met een passie voor digitale kunst dat het avontuur van kleuren aangaat. Hun doel is om prachtige illustraties te maken met behulp van kunstmatige intelligentie (AI) als basisinstrument. Met hun liefde voor kunst en hun toewijding aan creativiteit verkennen ze de eindeloze mogelijkheden die de combinatie van AI en artistiek talent biedt.

Jelena Art Coloring wordt gedreven door een passie om hun kunst met de wereld te delen. Ze streven ernaar illustraties te maken die coloristen van alle niveaus inspireren, verbazen en boeien. Hun werken zijn ontworpen om een unieke kleurervaring te bieden, waarbij elke colorist zijn creativiteit de vrije loop kan laten en de ontwerpen op zijn eigen manier tot leven kan brengen. Volg ons en abonneer u op onze Facebook- en Pinterest-pagina om onze nieuwste publicaties te kennen, maar ook om te profiteren van de geschenken die u gratis kunt downloaden. Bezoek onze digitale winkel op Etsy.

*Hier begint je reis naar het land van de Wichtel.
Ontdek de zoetheid van het leven die hen kenmerkt!*

JELENA KUNSTKLEURING

JELENA KUNSTKLEURING

JELENA KUNSTKLEURING

JELENA KUNSTKLEURING

JELENA KUNSTKLEURING

JELENA KUNSTKLEURING

JELENA KUNSTKLEURING

JELENA KUNSTKLEURING

JELENA KUNSTKLEURING

JELENA KUNSTKLEURING

JELENA KUNSTKLEURING

JELENA KUNSTKLEURING

JELENA KUNSTKLEURING

JELENA KUNSTKLEURING

JELENA KUNSTKLEURING

JELENA KUNSTKLEURING

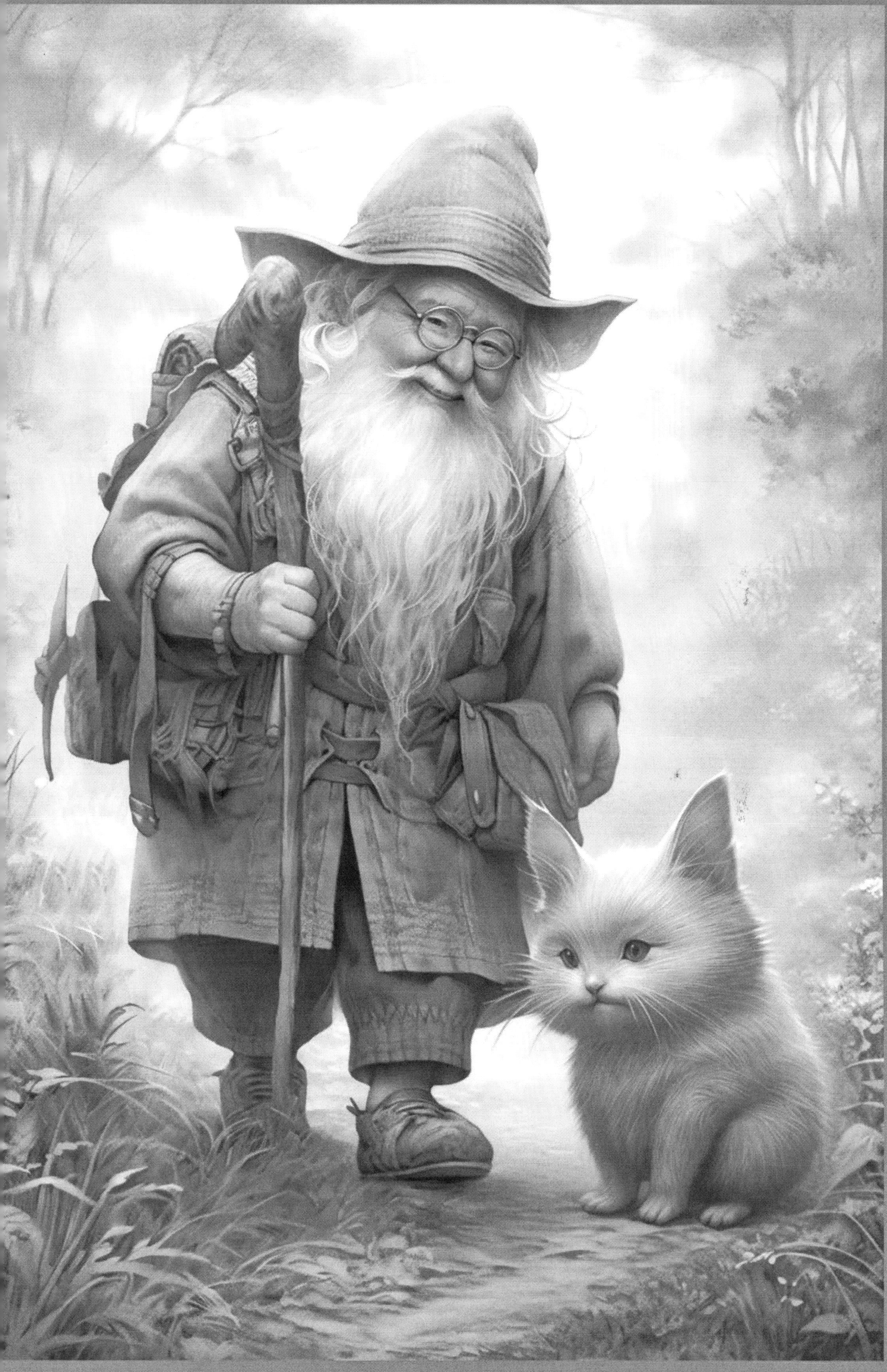

JELENA KUNSTKLEURING

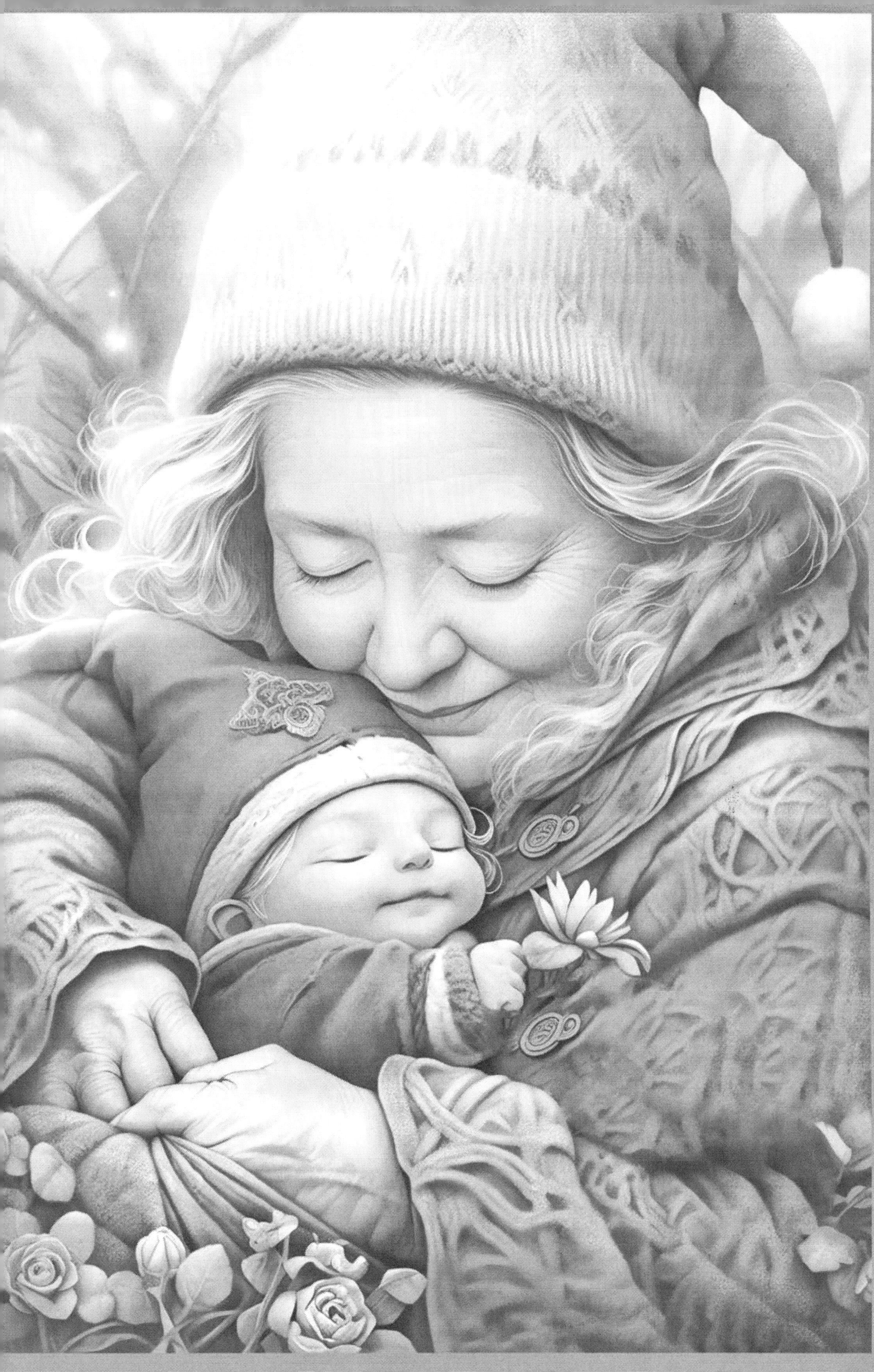

JELENA KUNSTKLEURING

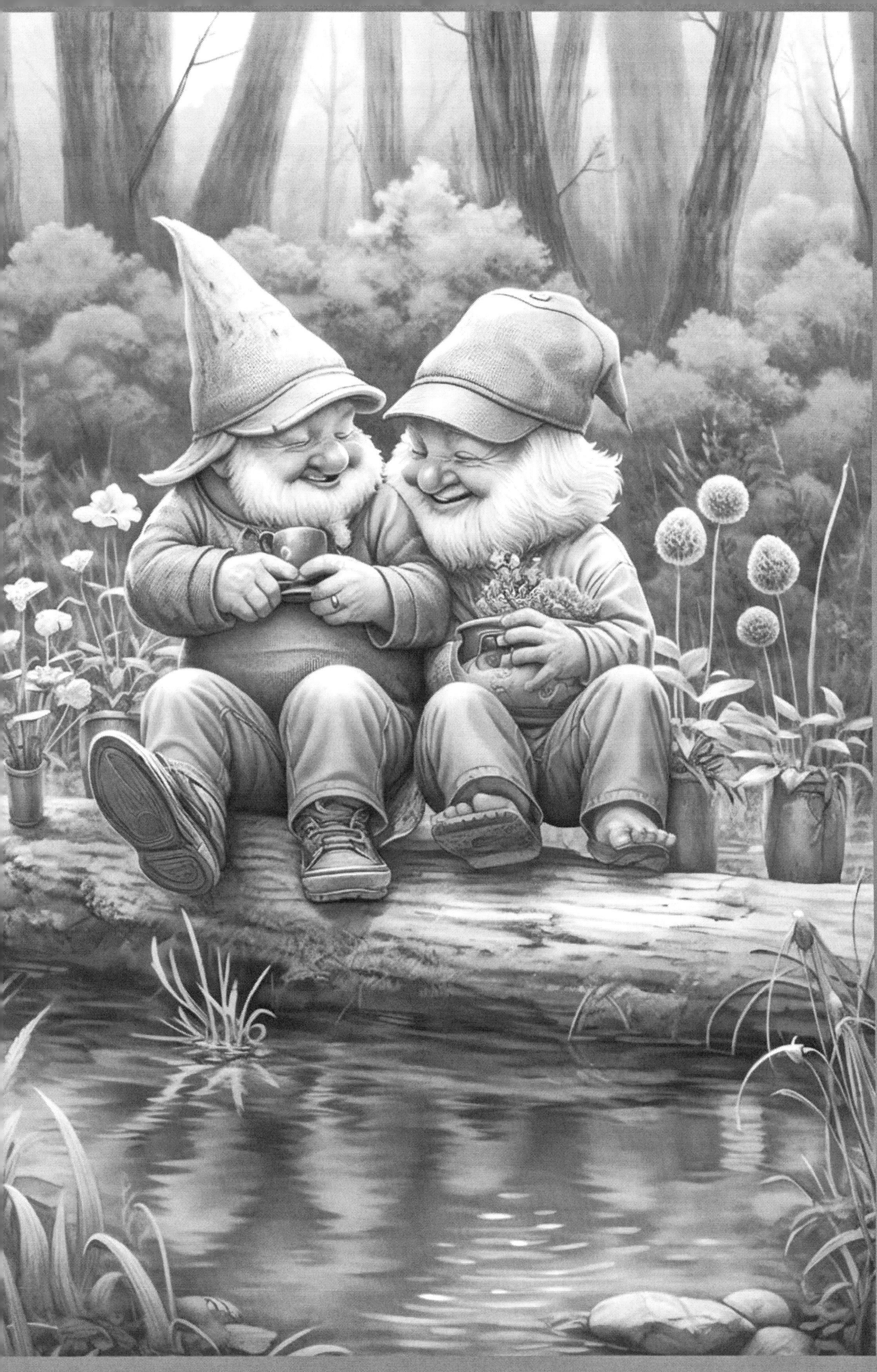

JELENA KUNSTKLEURING

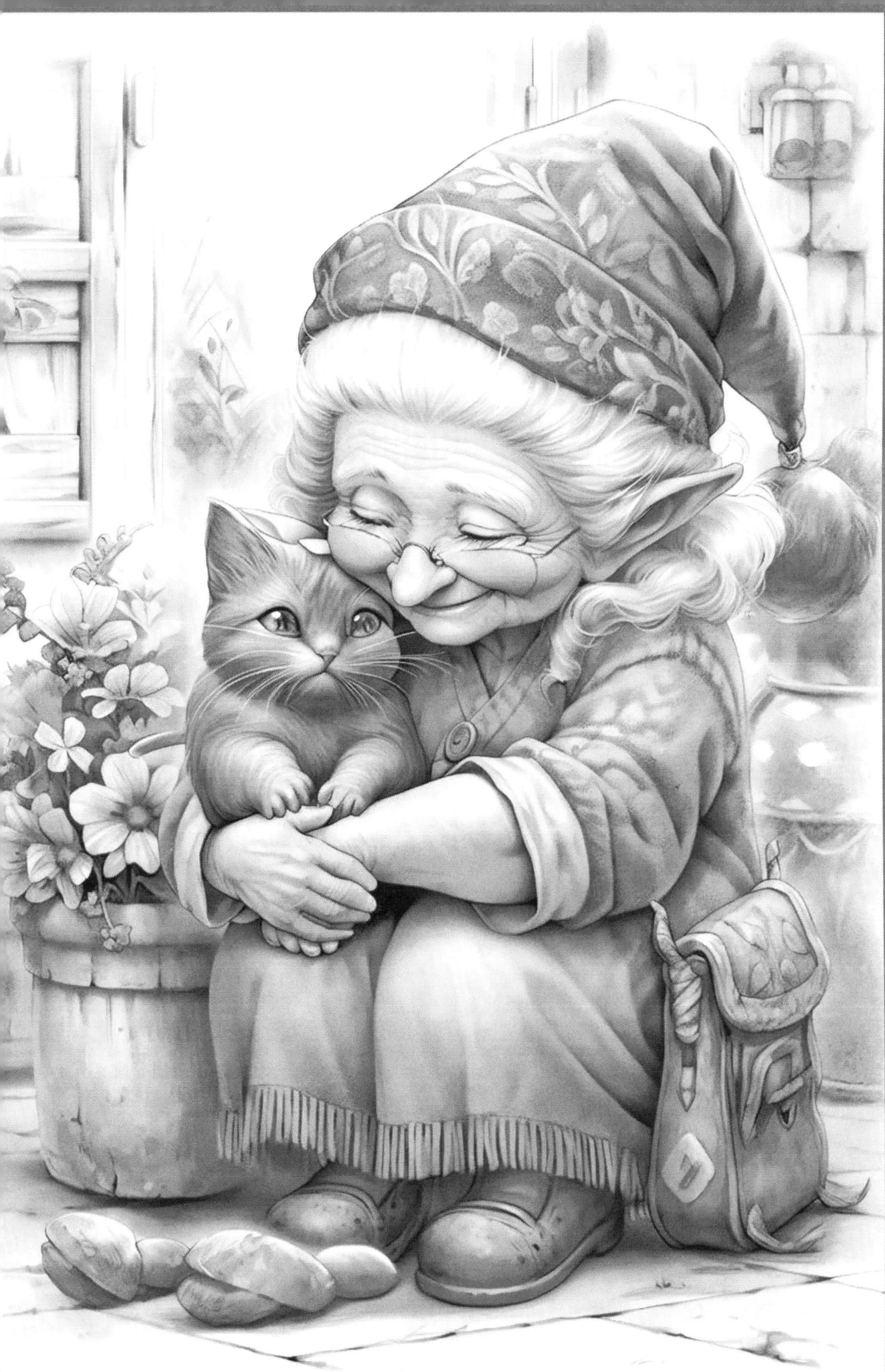

JELENA KUNSTKLEURING

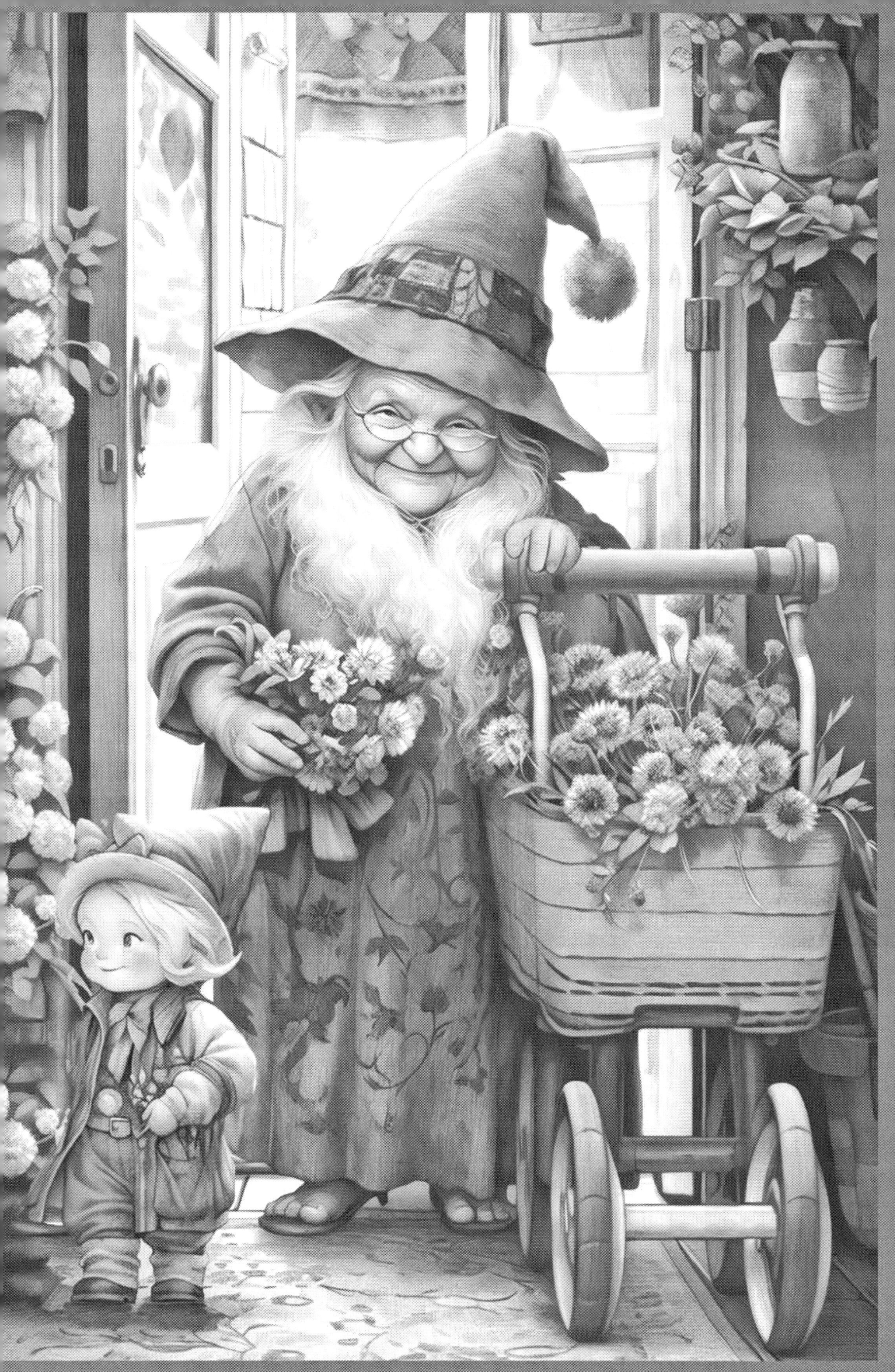

JELENA KUNSTKLEURING

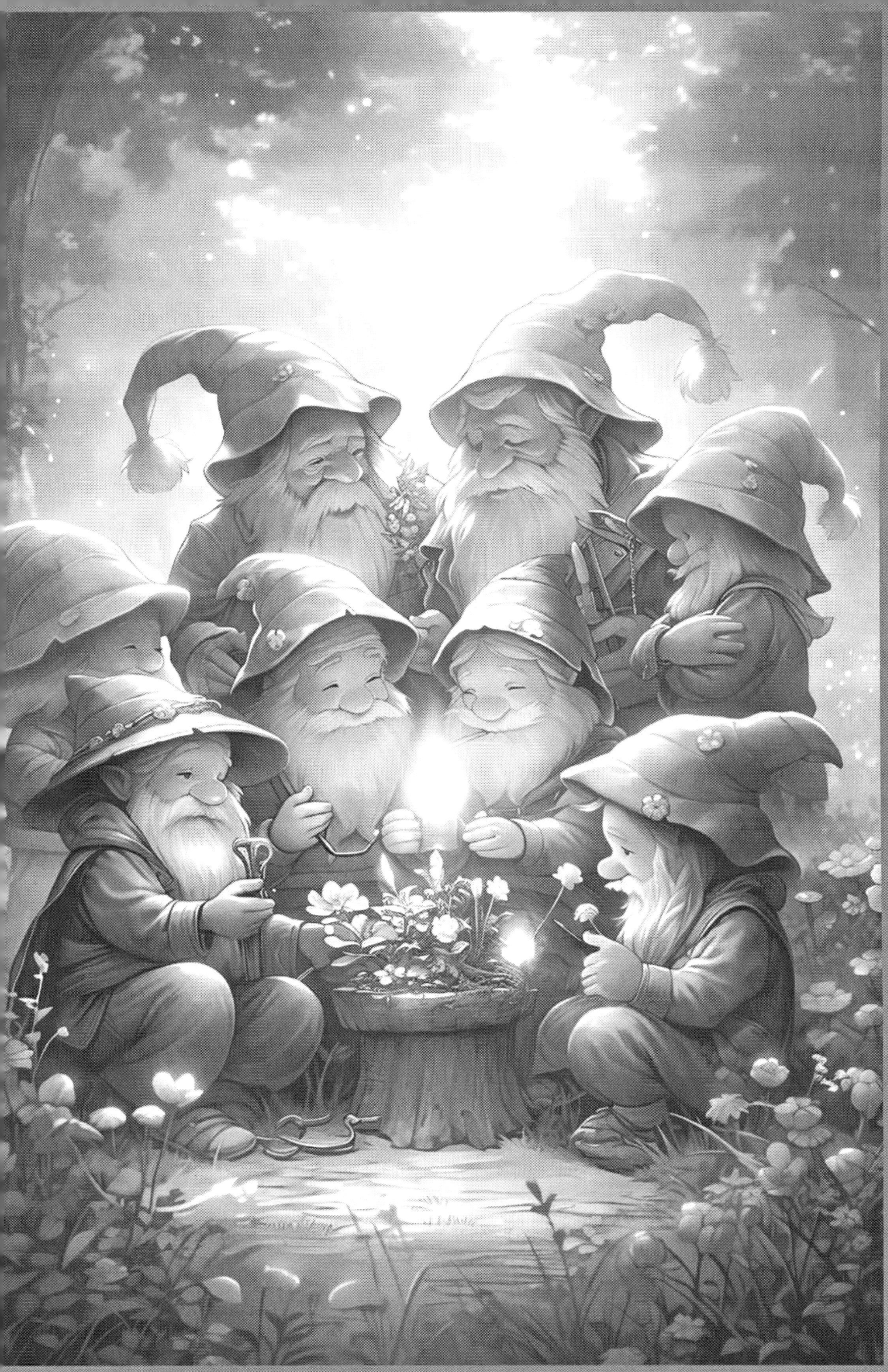

JELENA KUNSTKLEURING

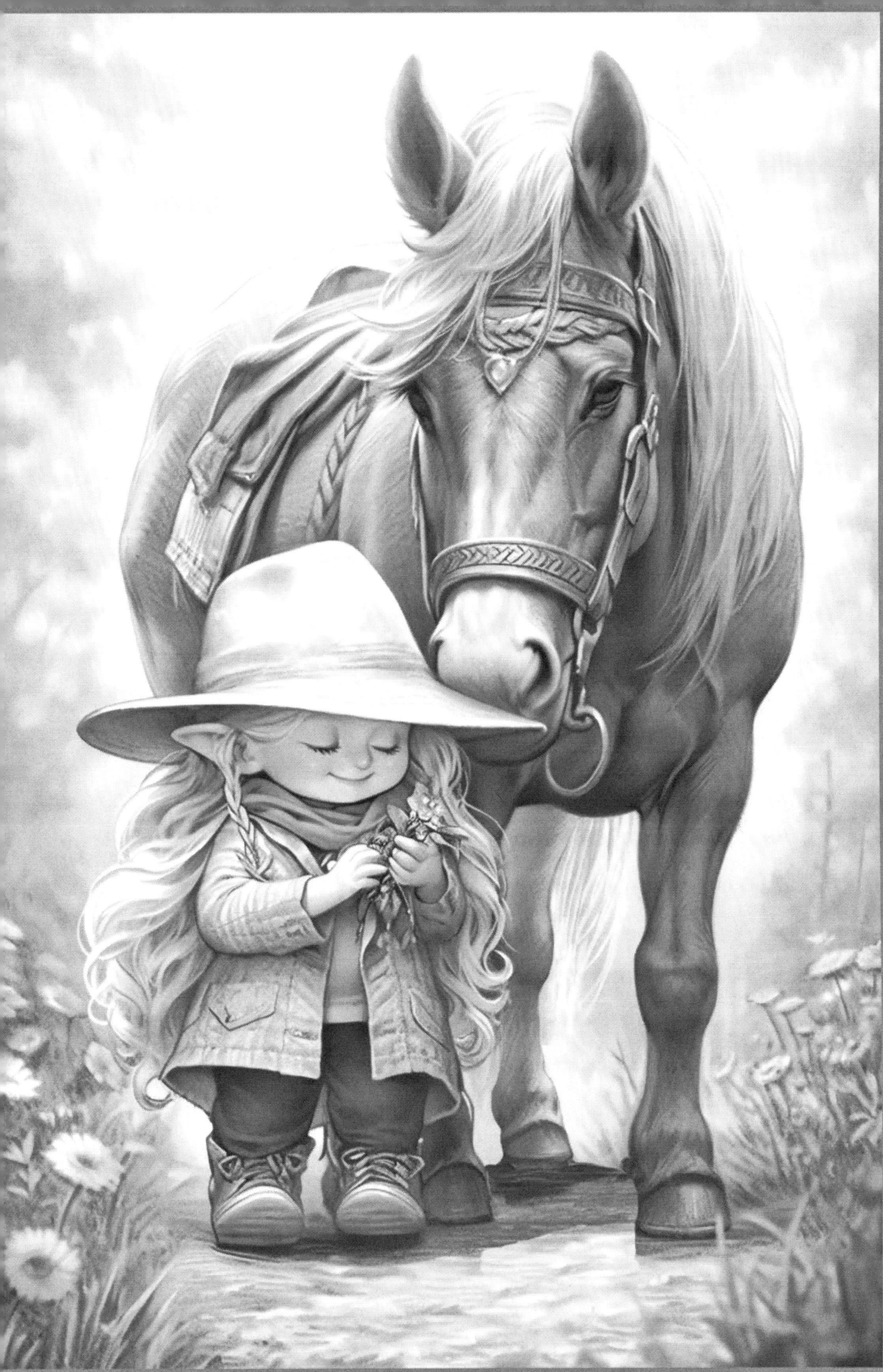

JELENA KUNSTKLEURING

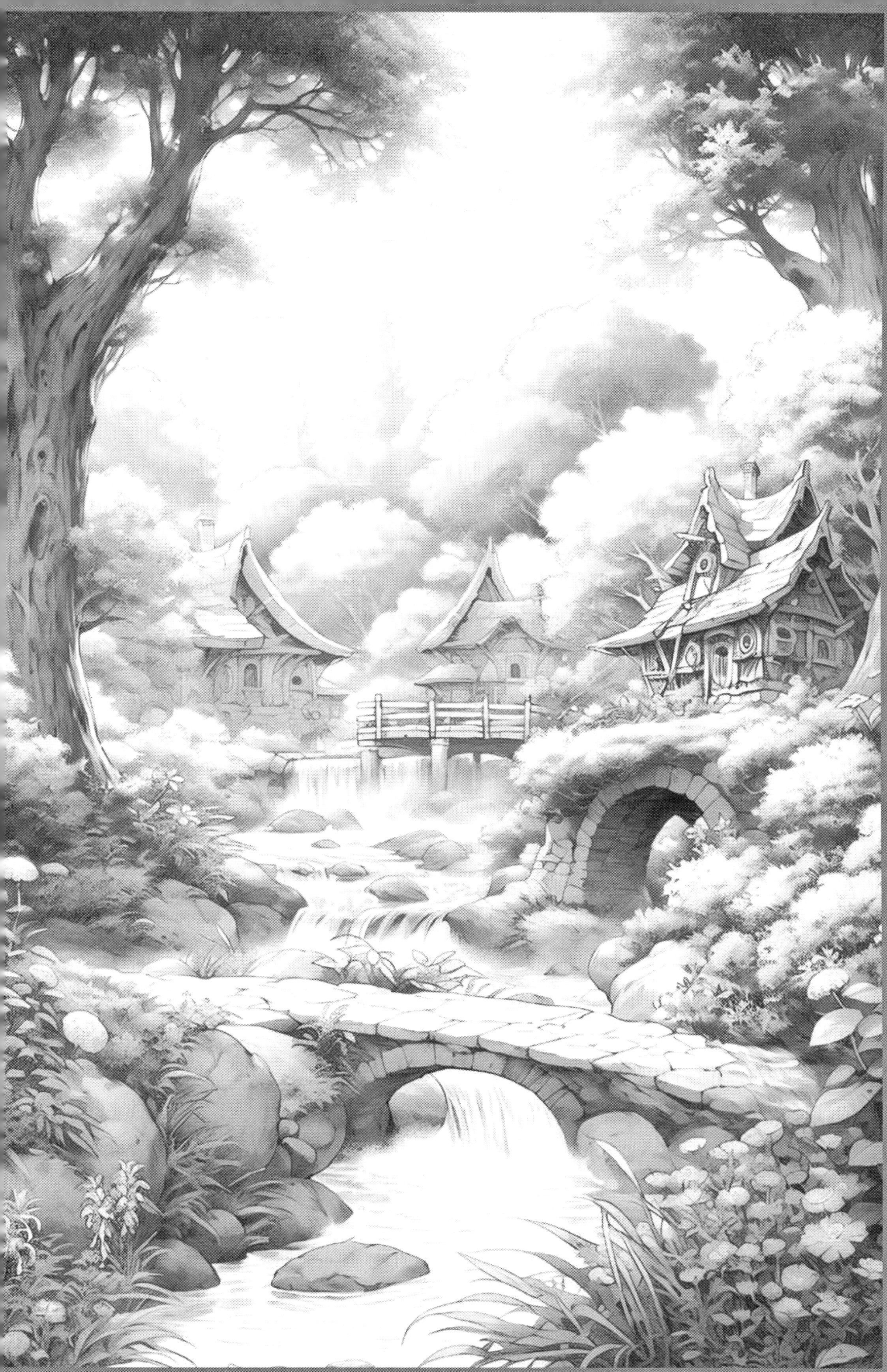

JELENA KUNSTKLEURING

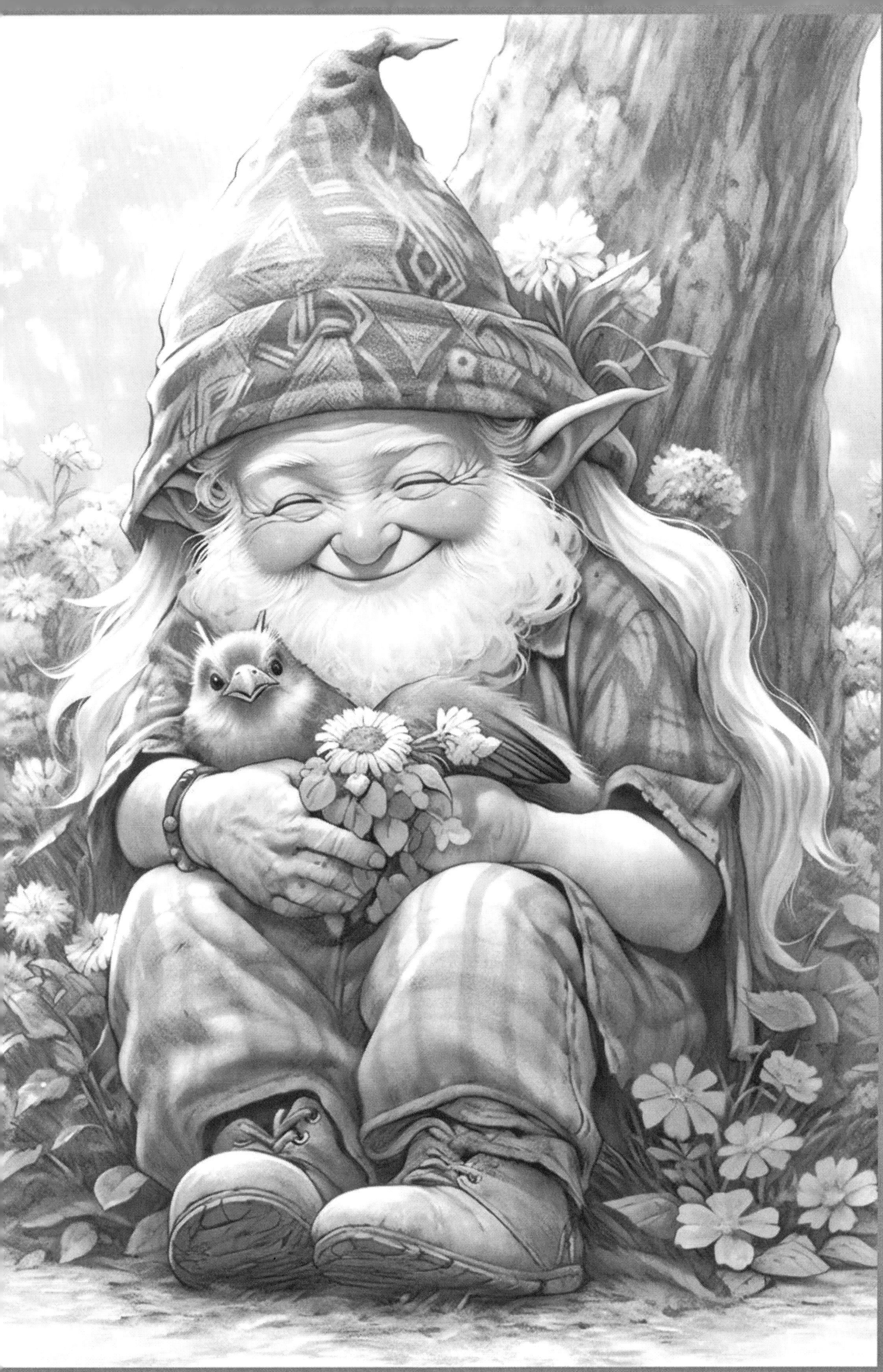

JELENA KUNSTKLEURING

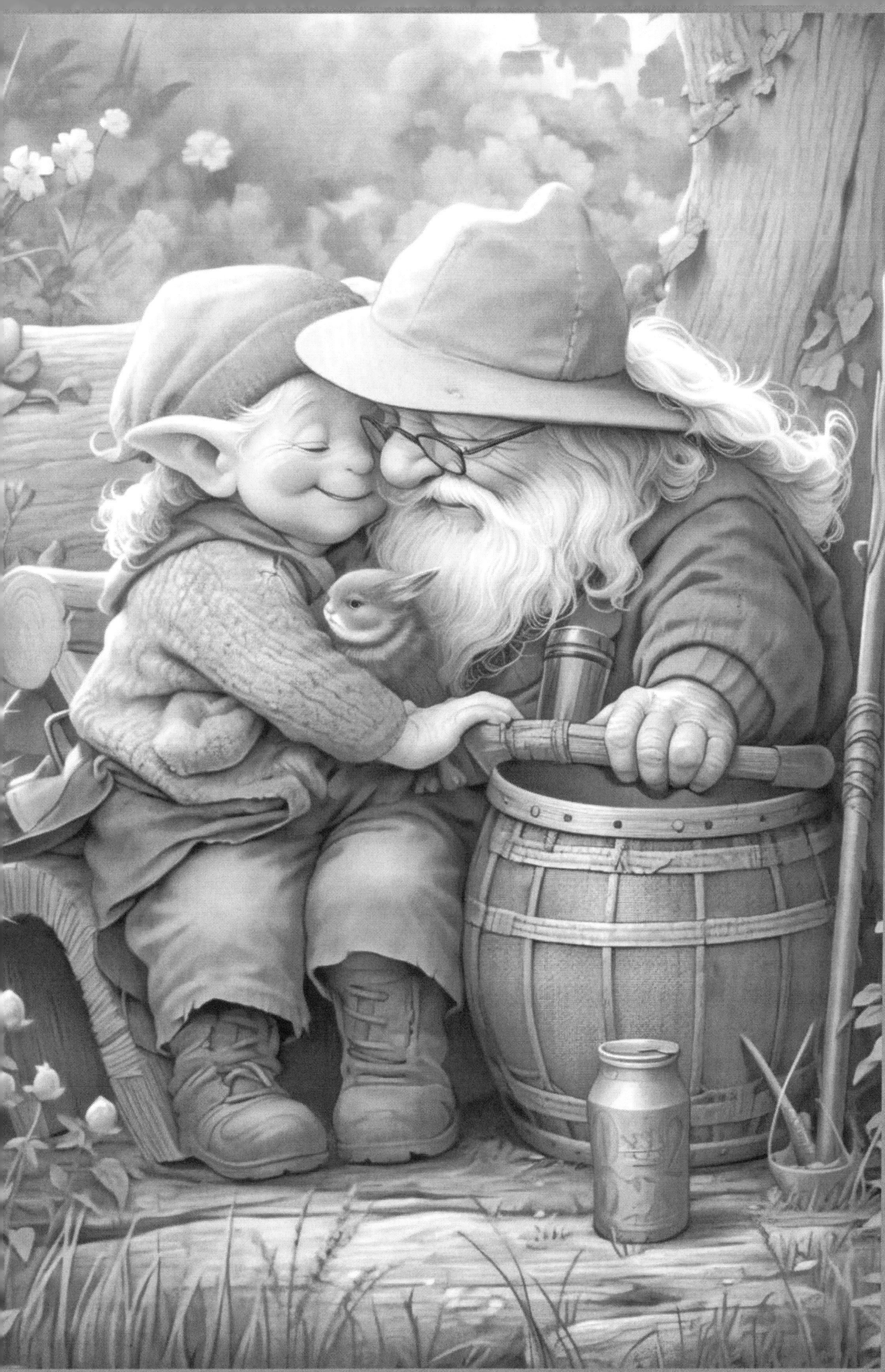

JELENA KUNSTKLEURING

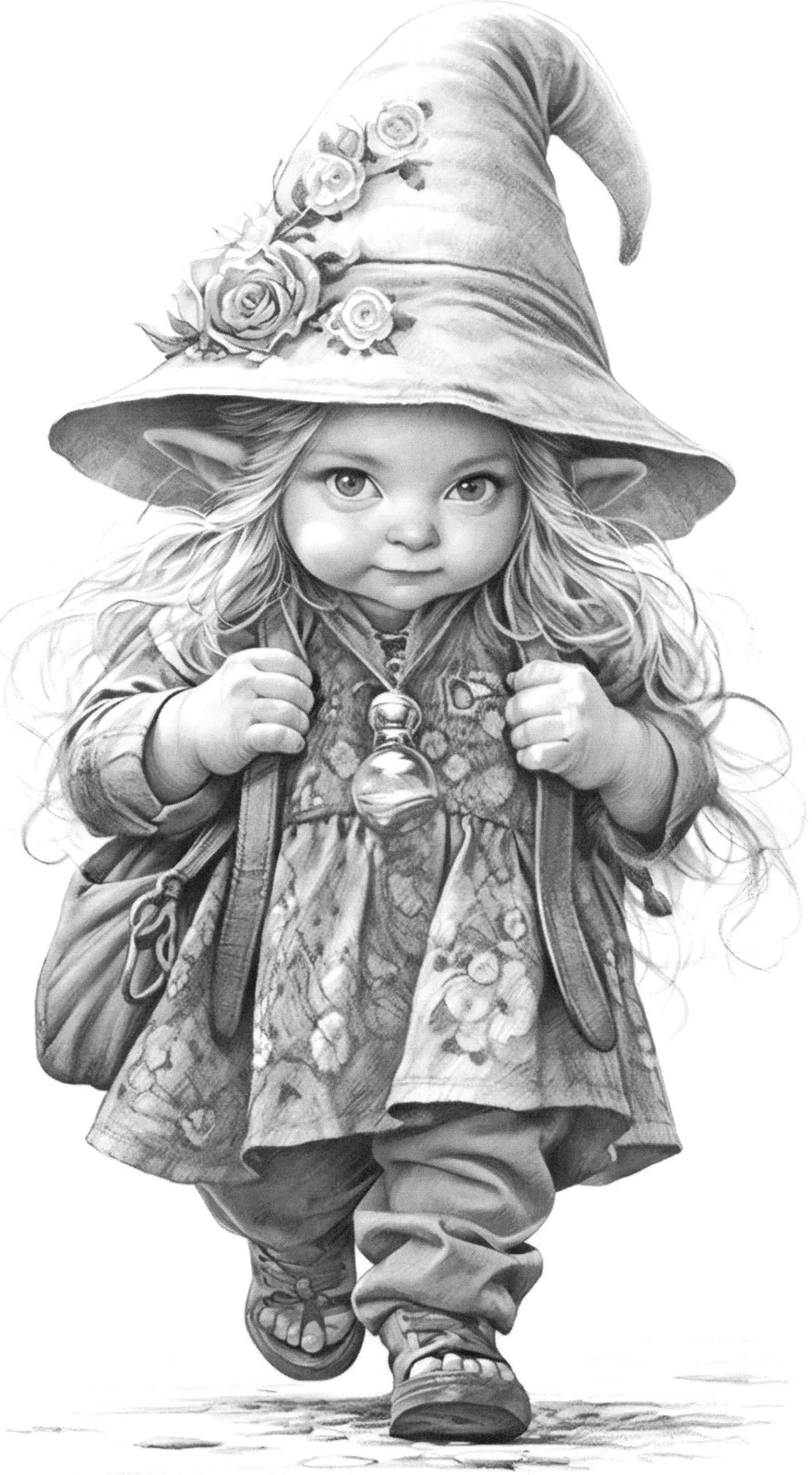

JELENA KUNSTKLEURING

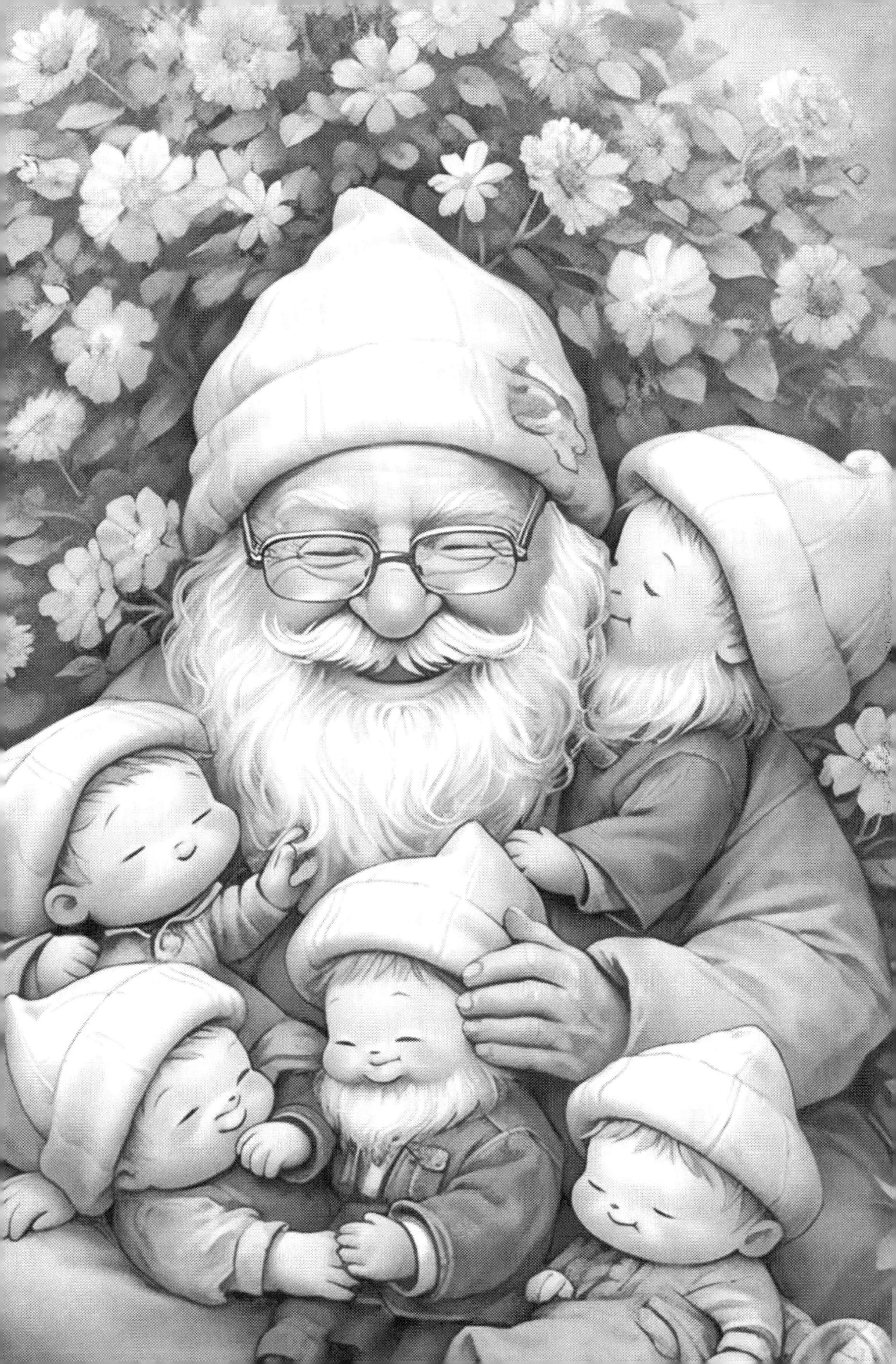

JELENA KUNSTKLEURING

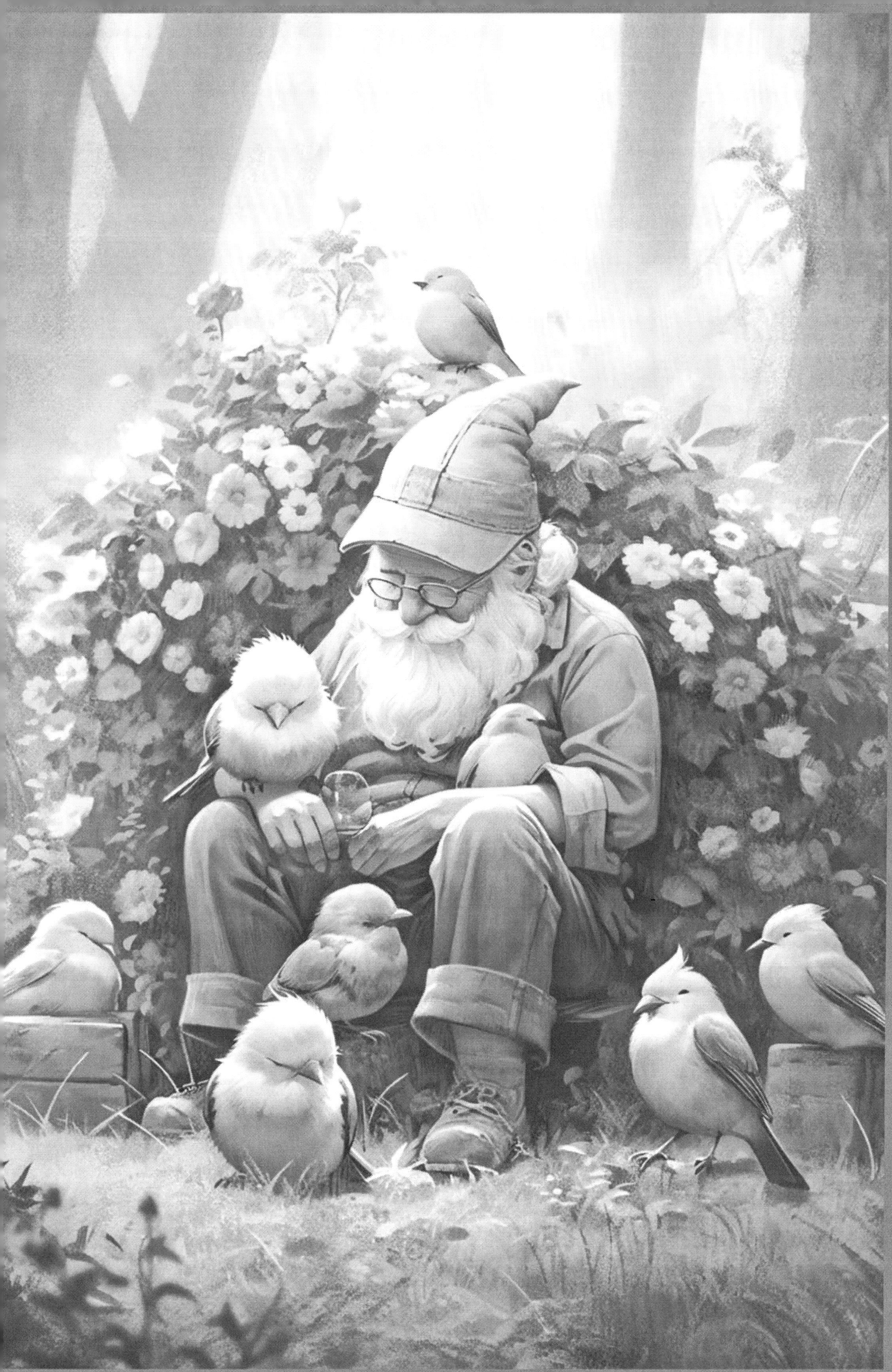

JELENA KUNSTKLEURING

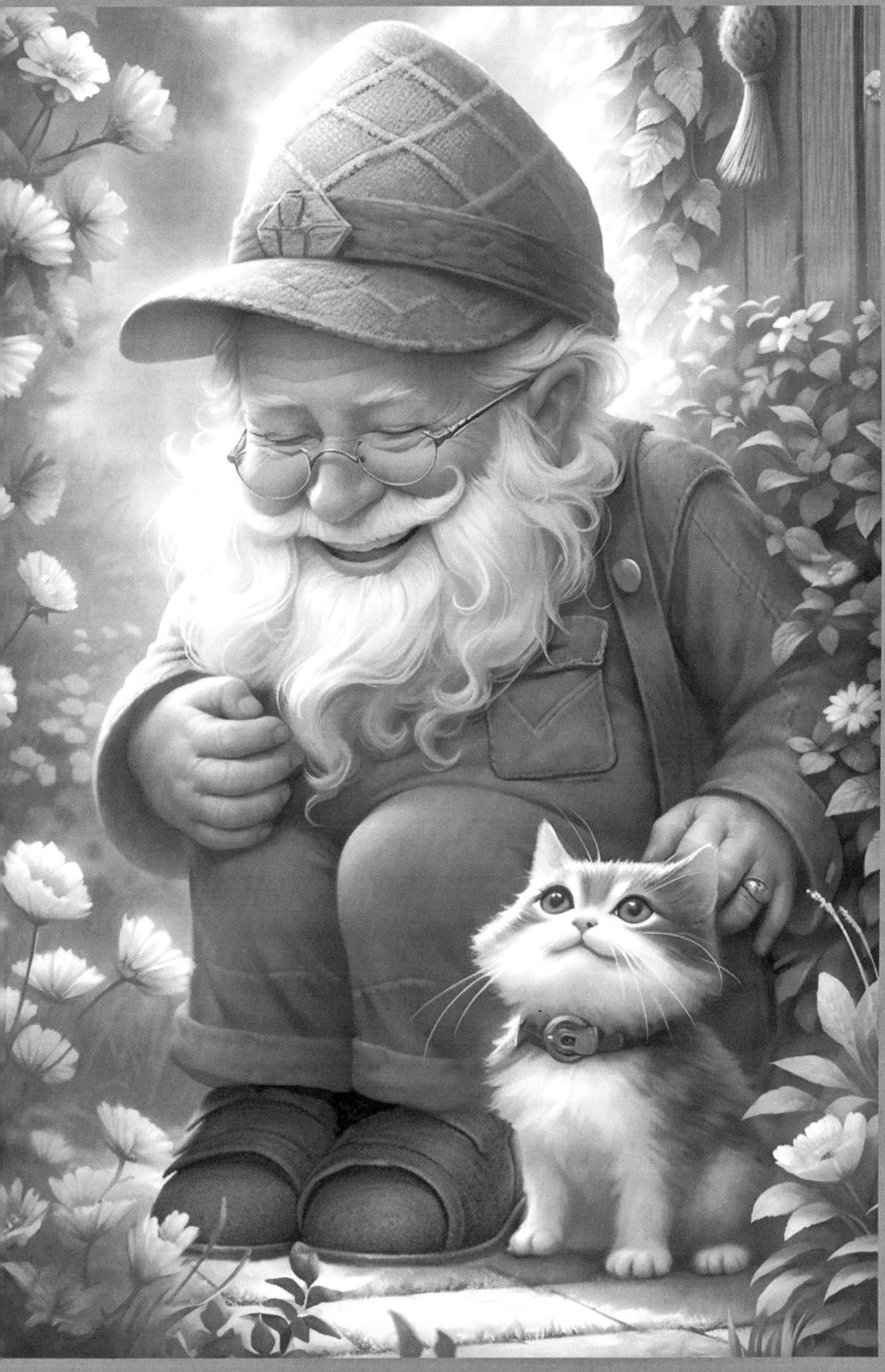

JELENA KUNSTKLEURING

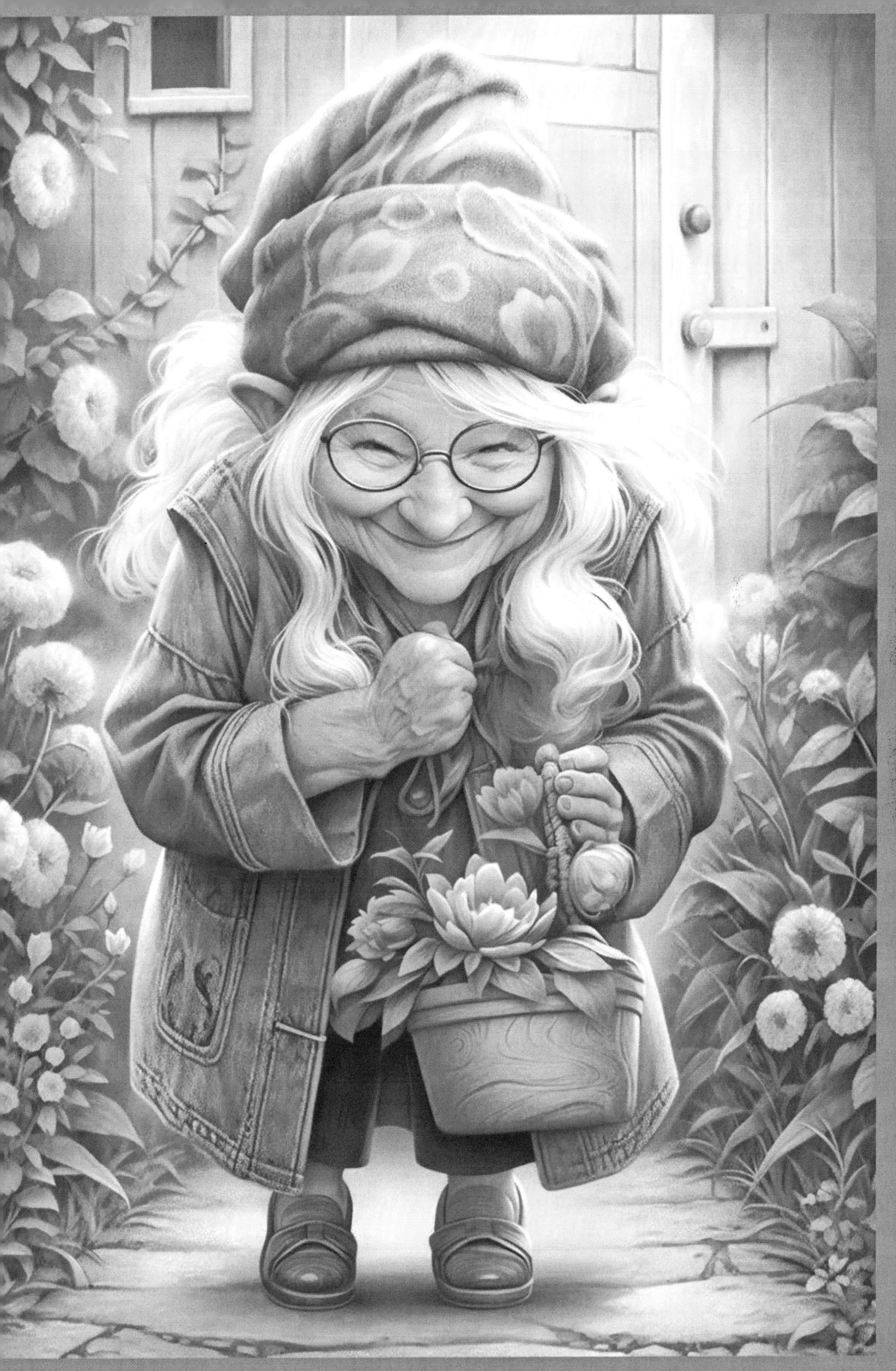

JELENA KUNSTKLEURING

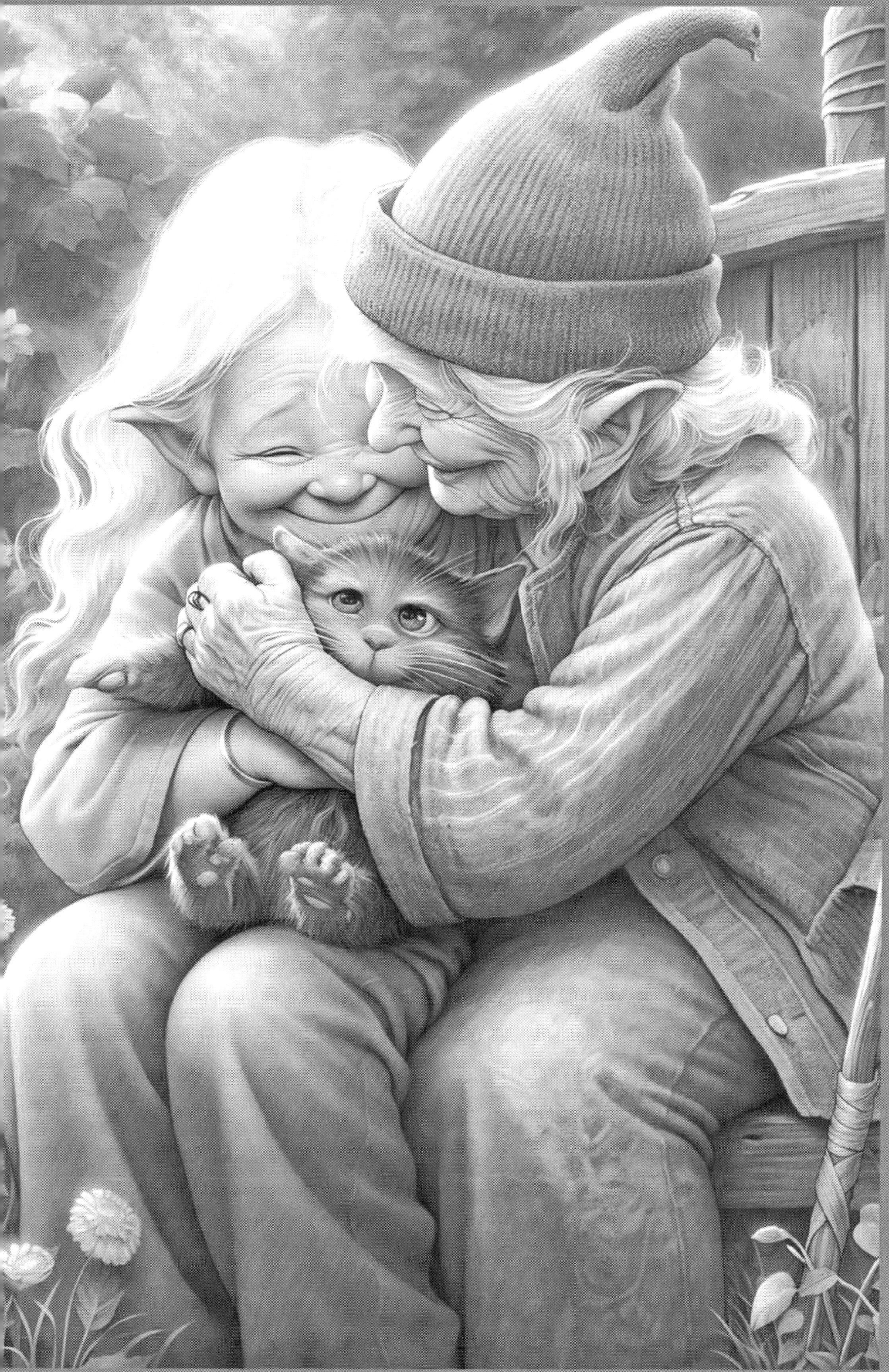

JELENA KUNSTKLEURING

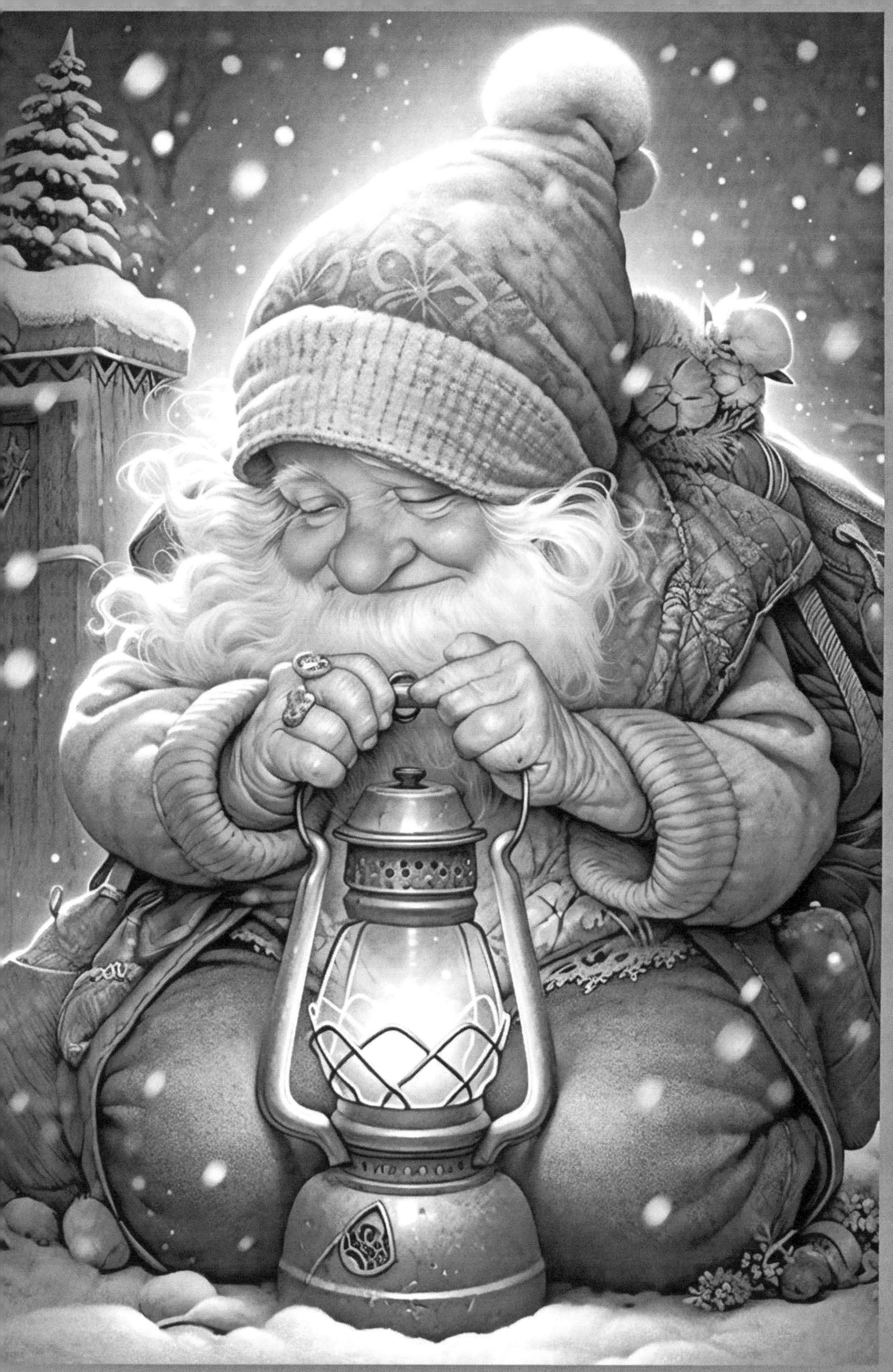

JELENA KUNSTKLEURING

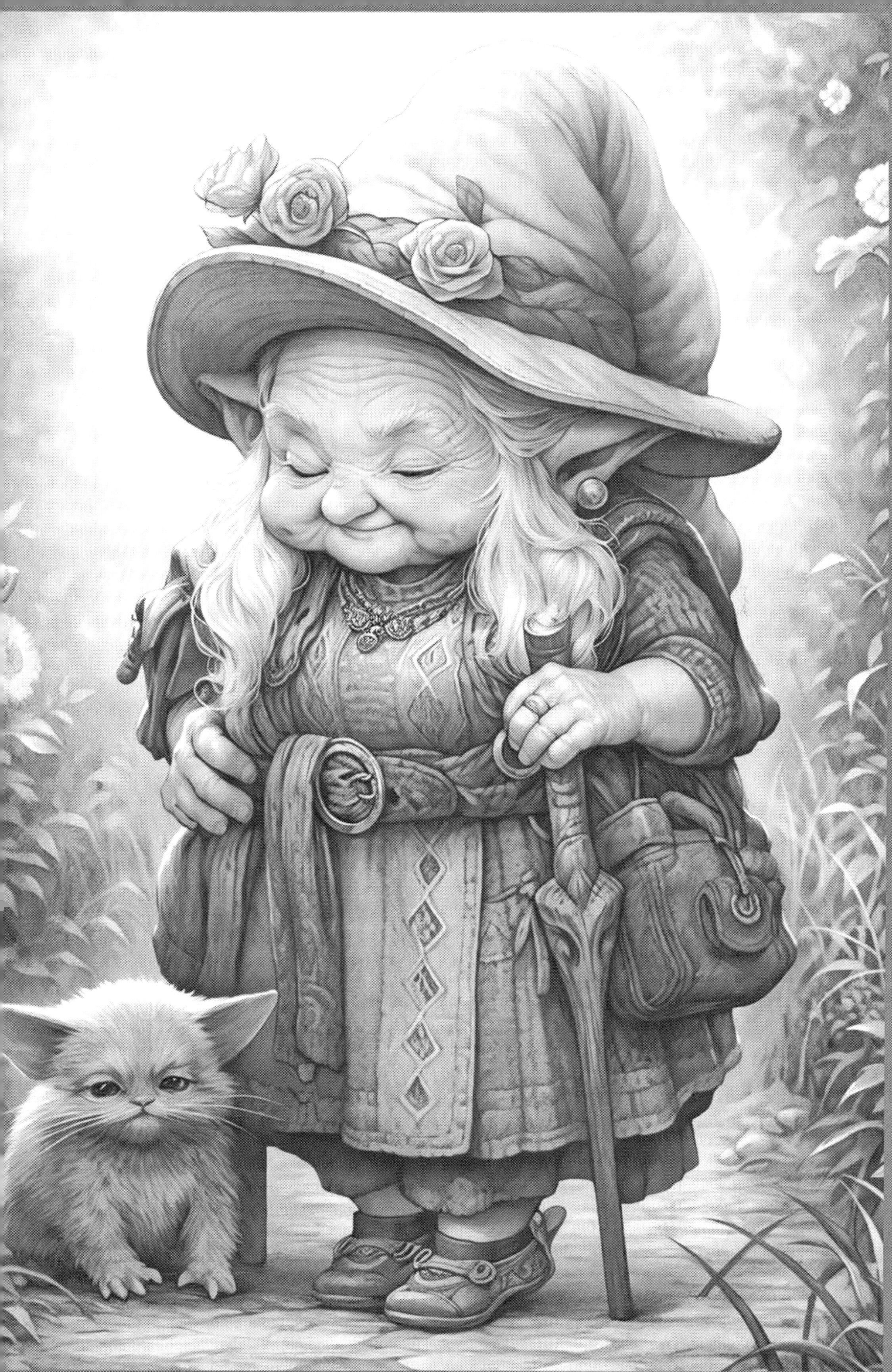

JELENA KUNSTKLEURING

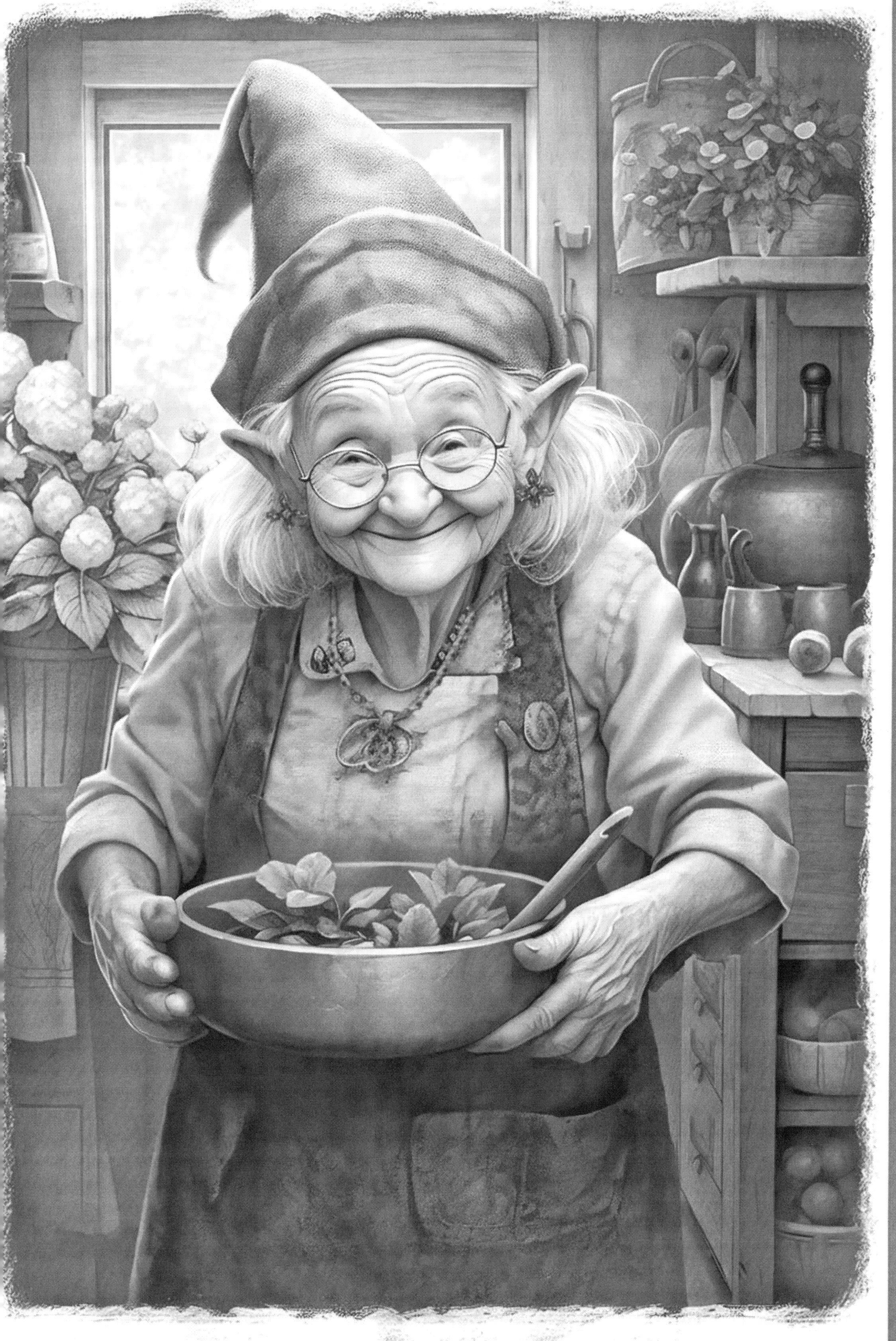

JELENA KUNSTKLEURING

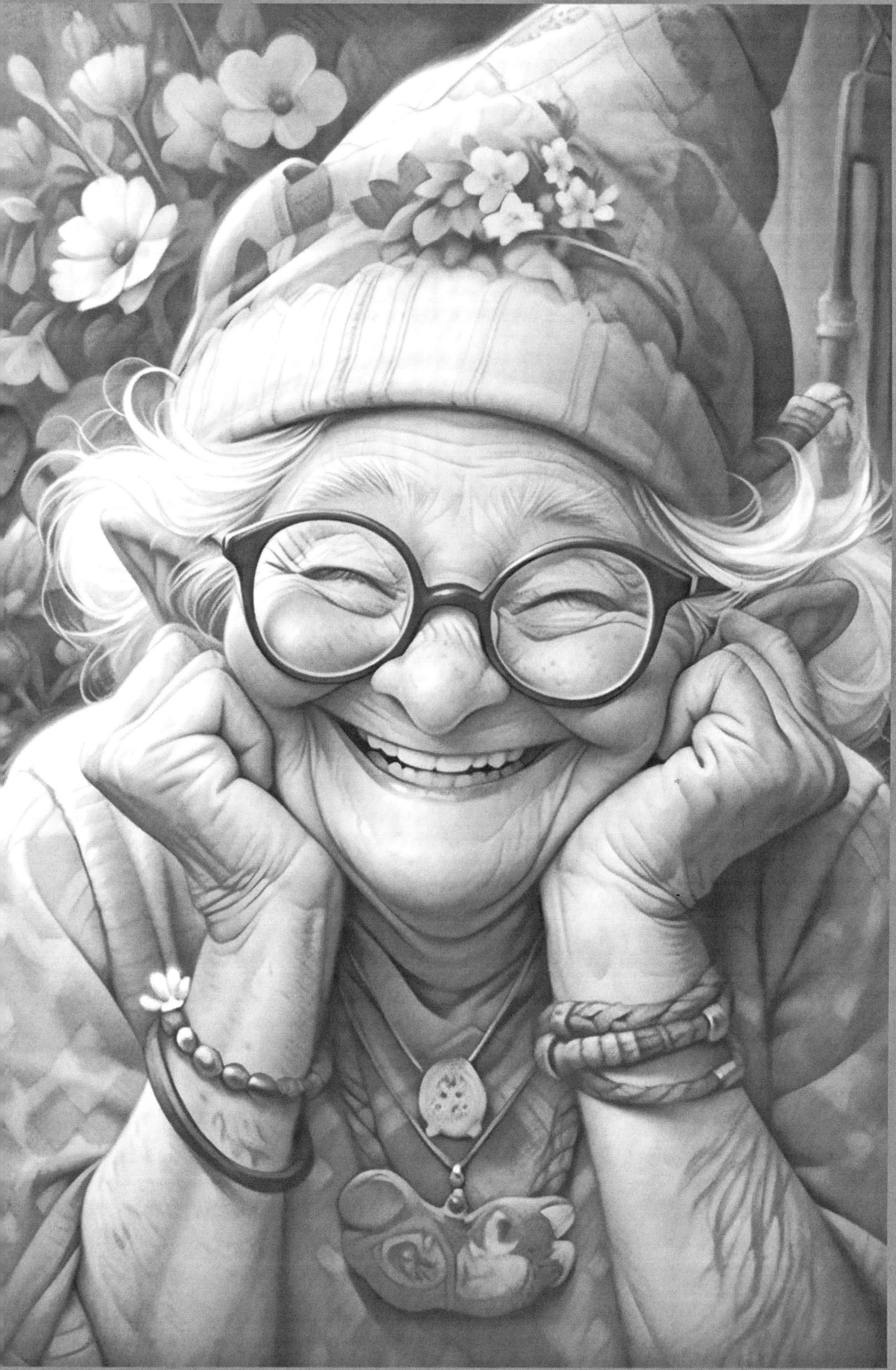

JELENA KUNSTKLEURING

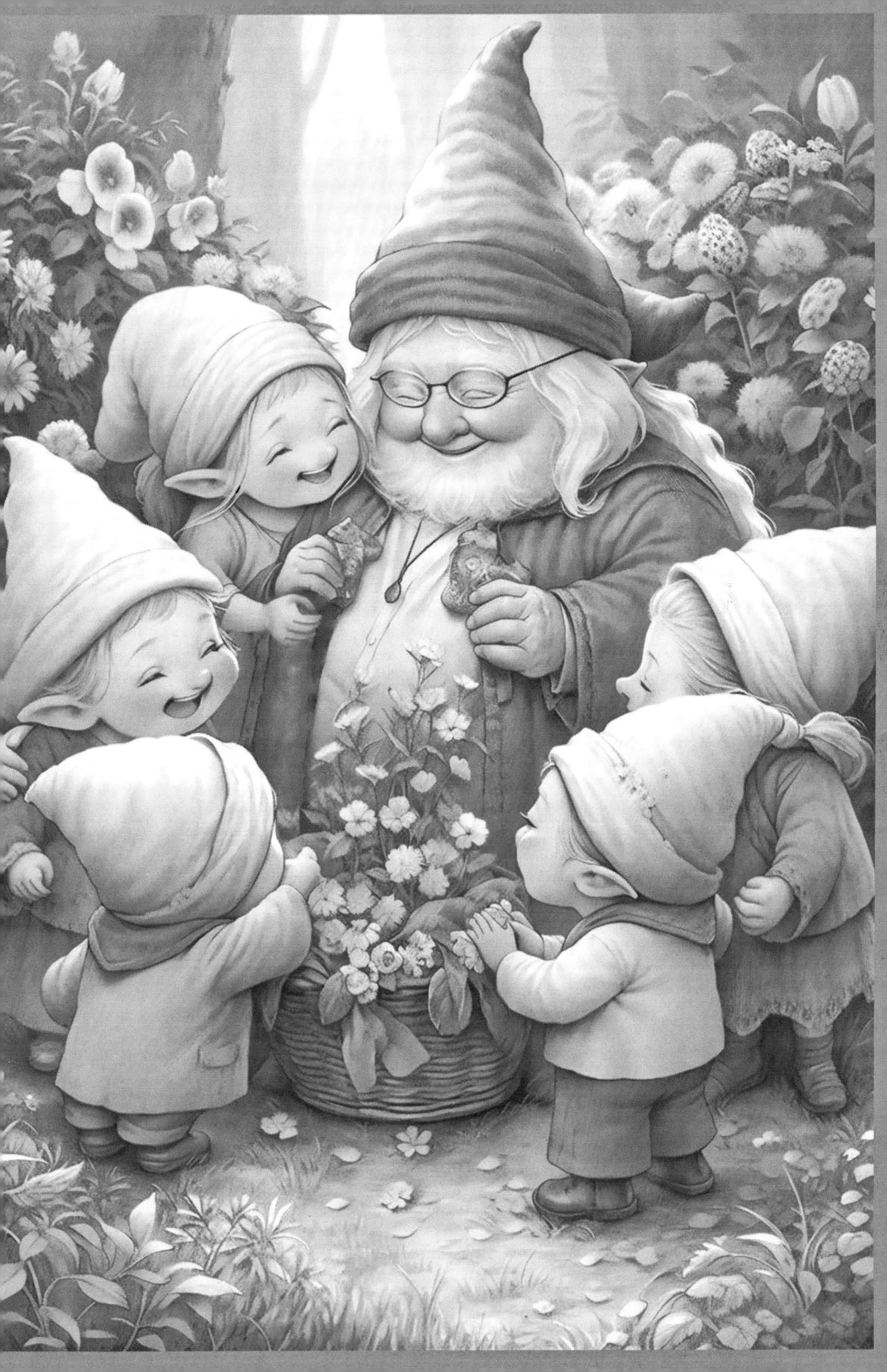

JELENA KUNSTKLEURING

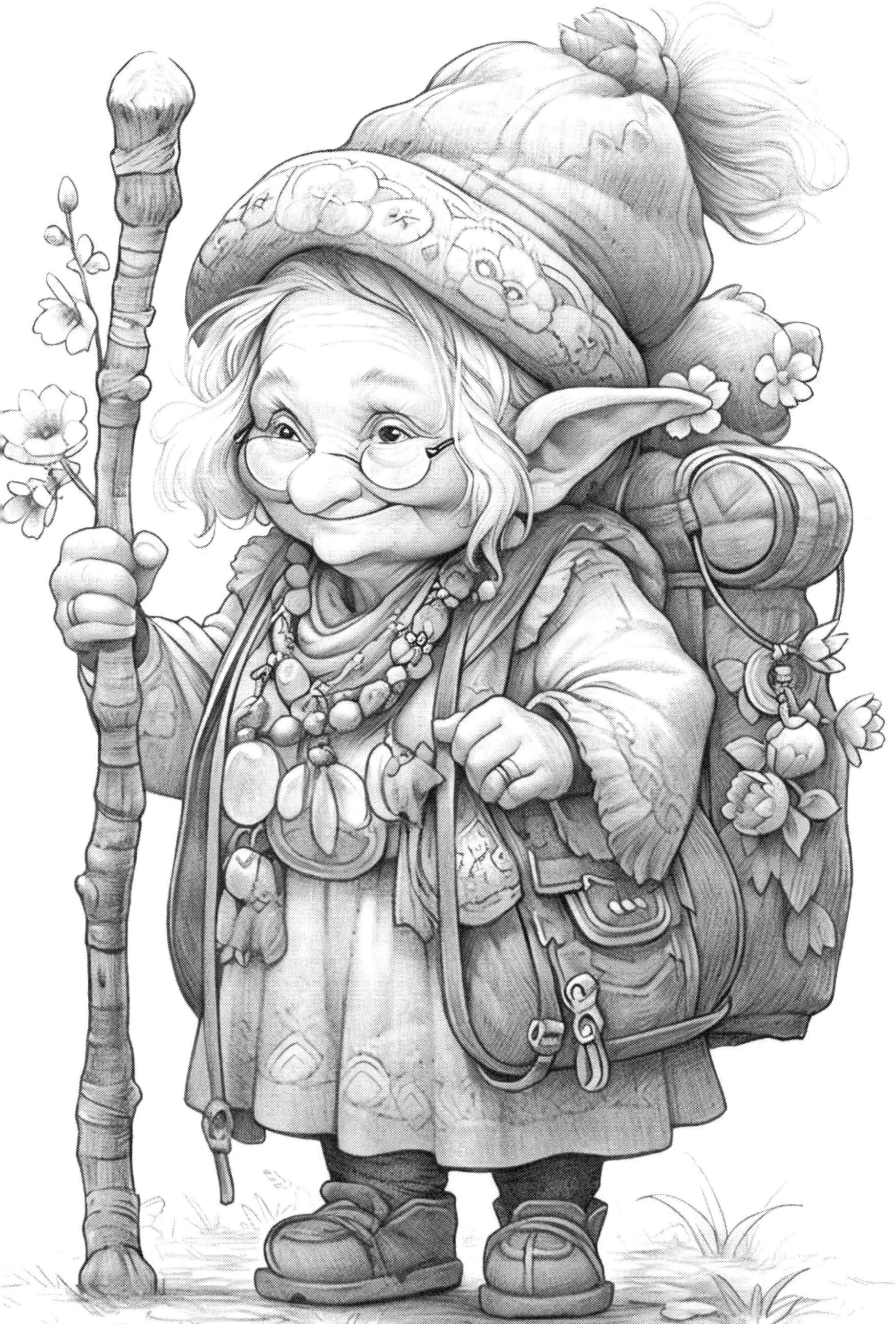

JELENA KUNSTKLEURING

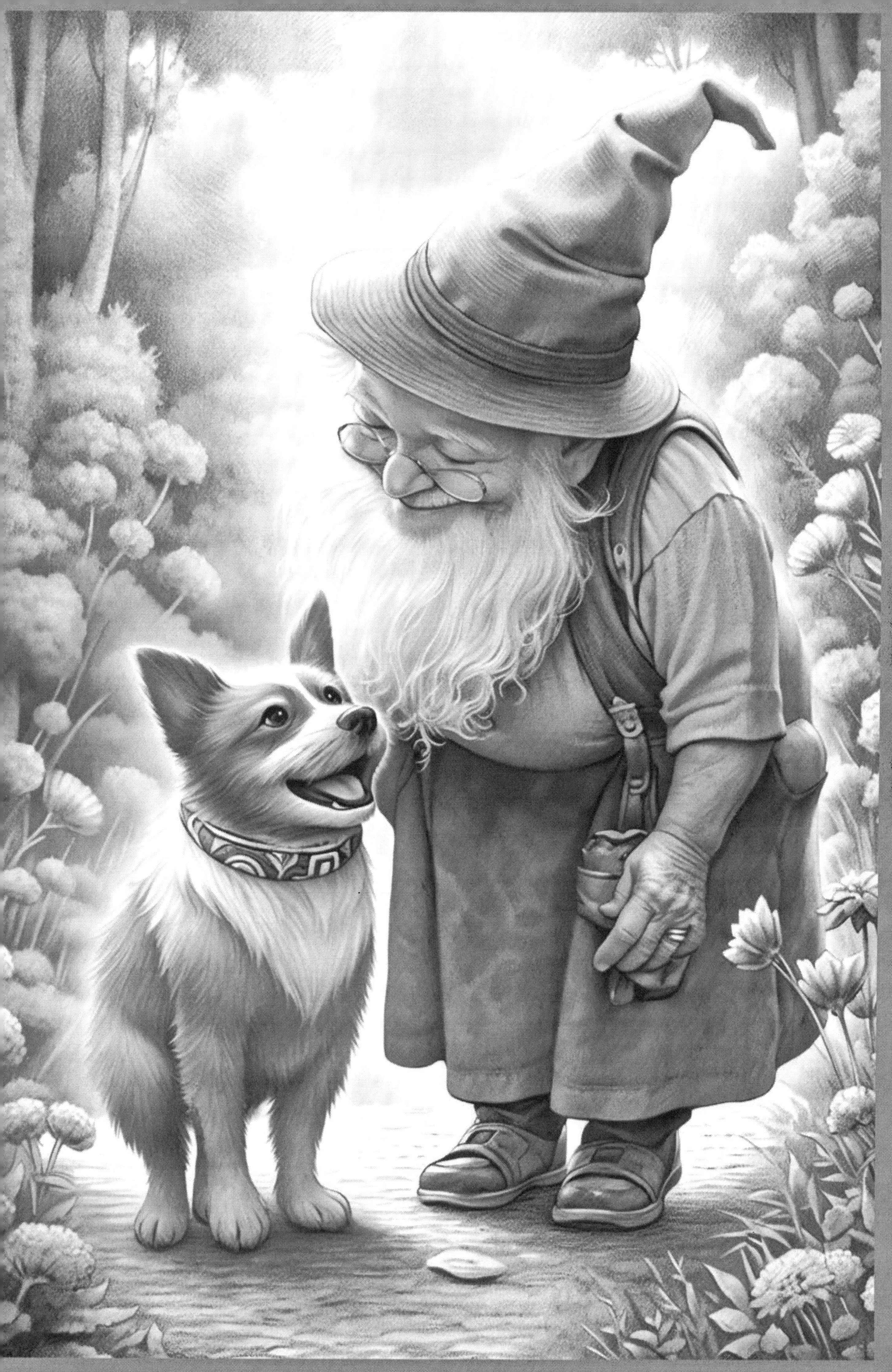

JELENA KUNSTKLEURING

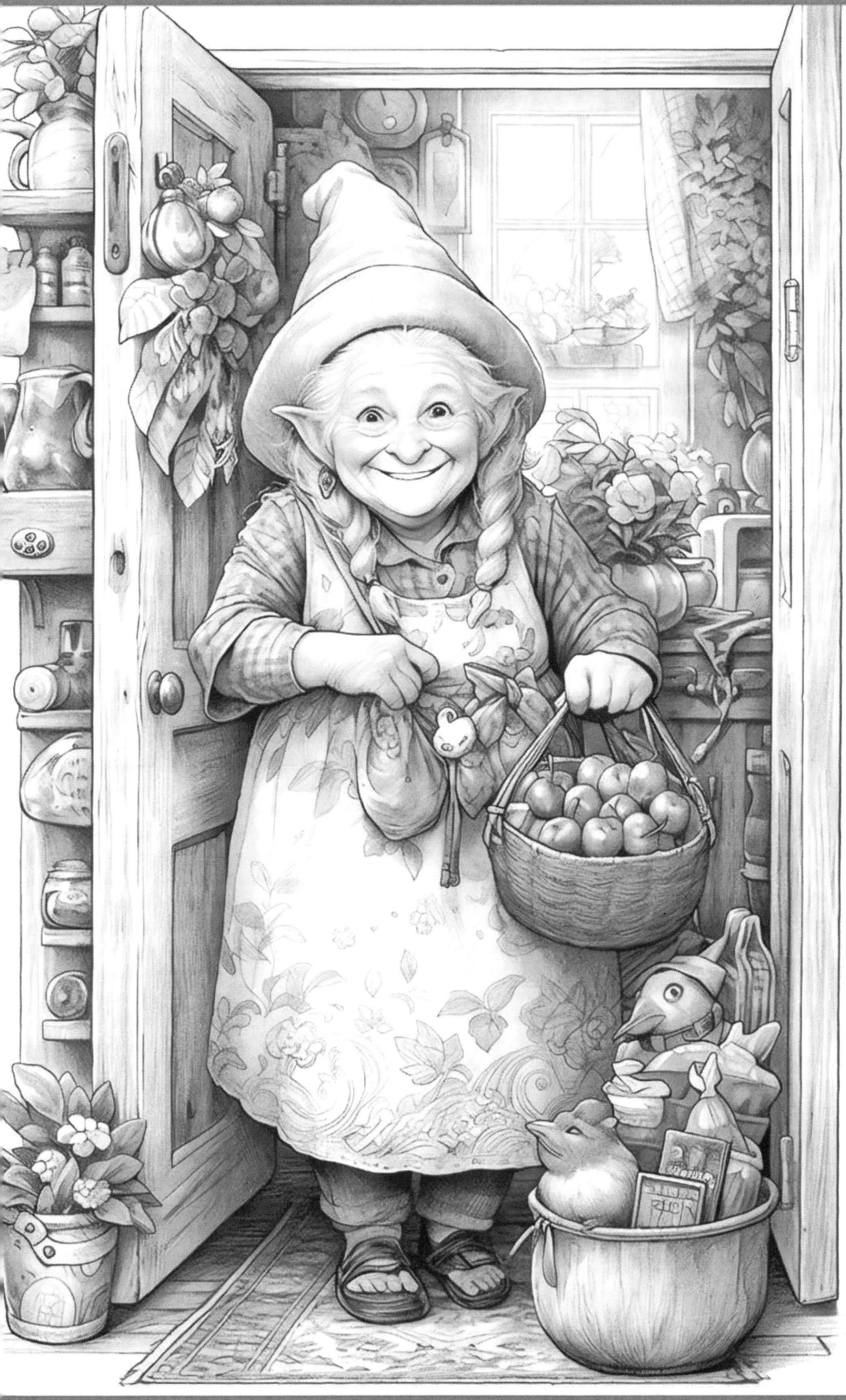

JELENA KUNSTKLEURING

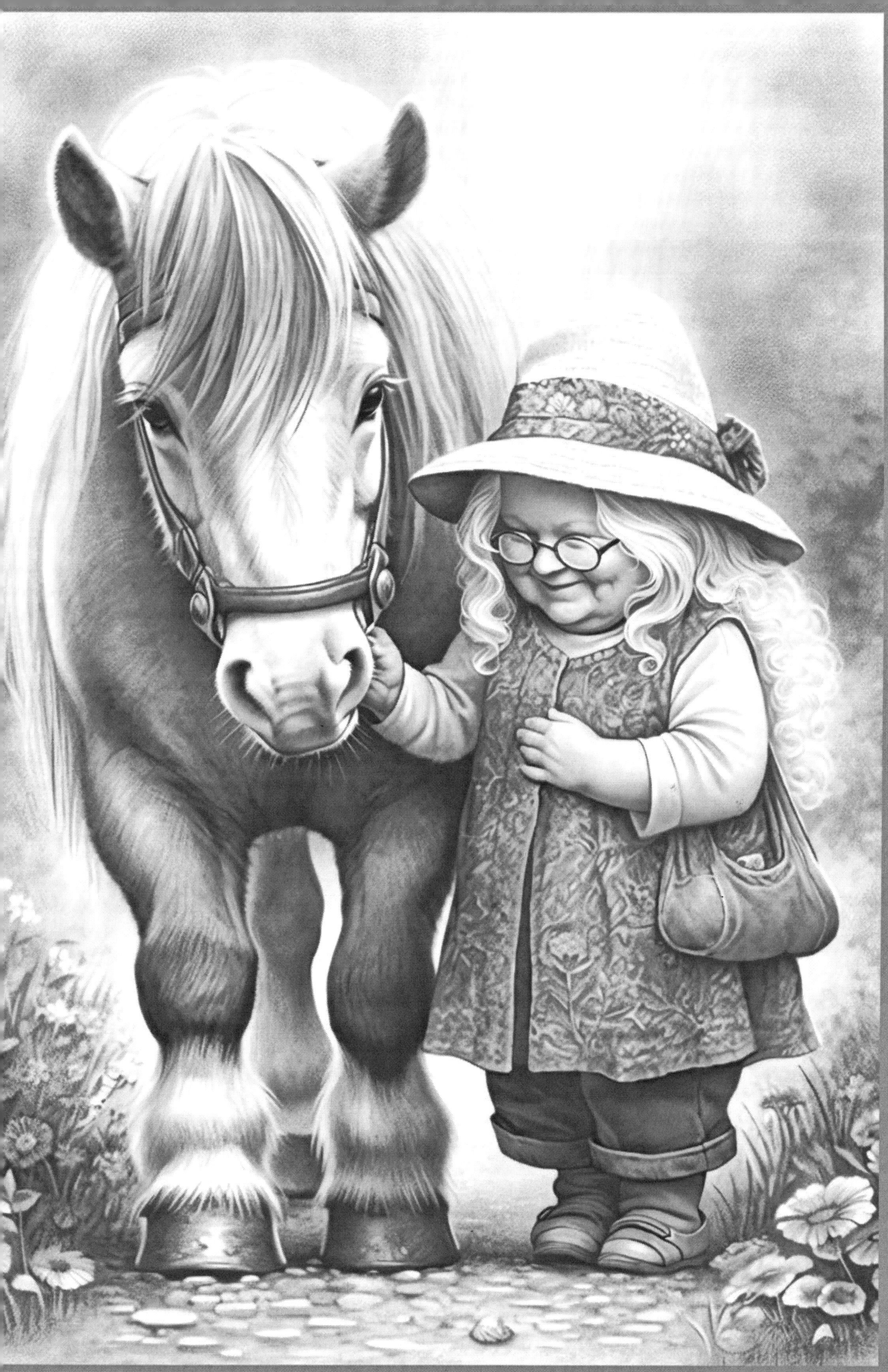

JELENA KUNSTKLEURING

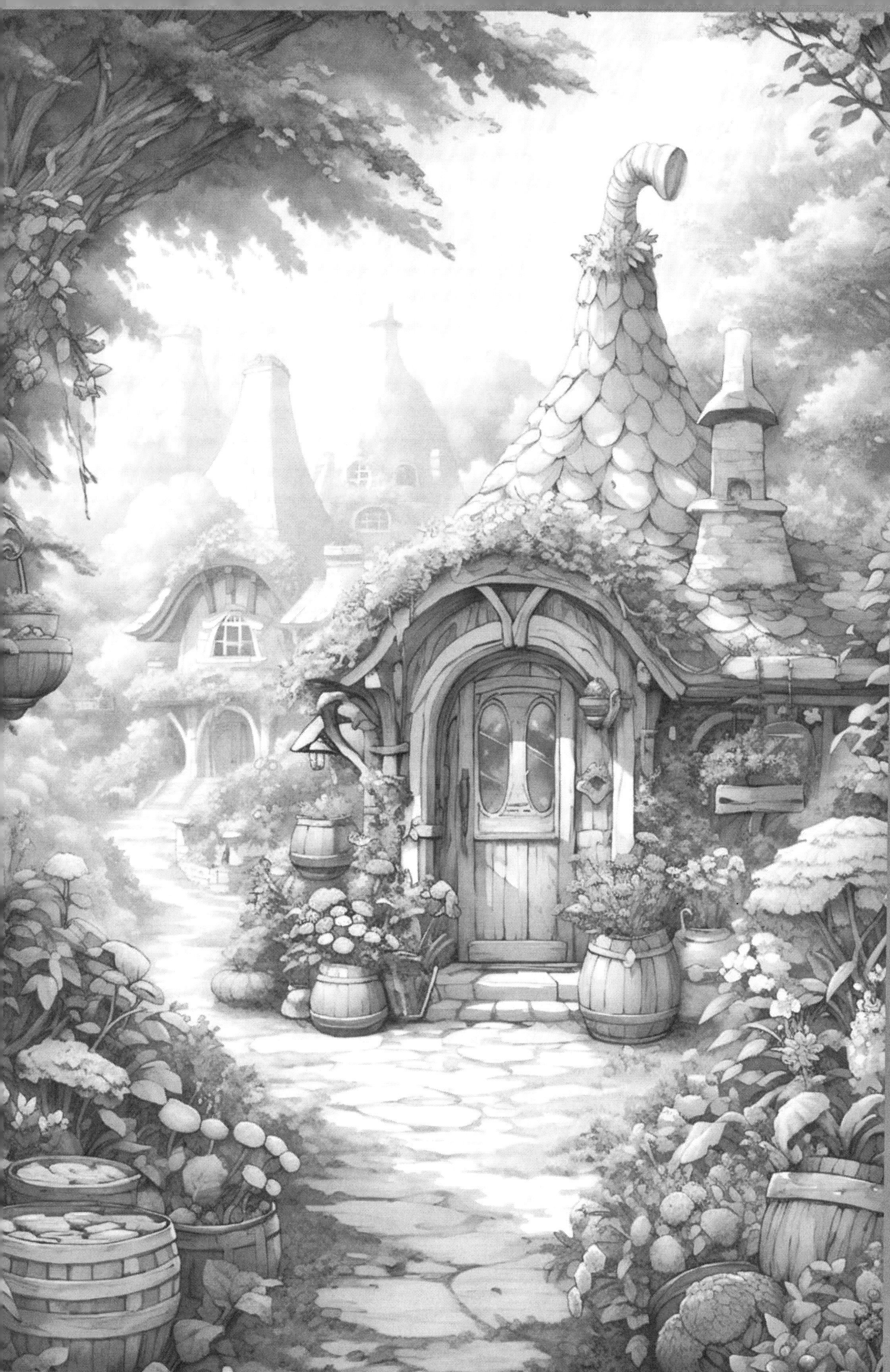

JELENA KUNSTKLEURING

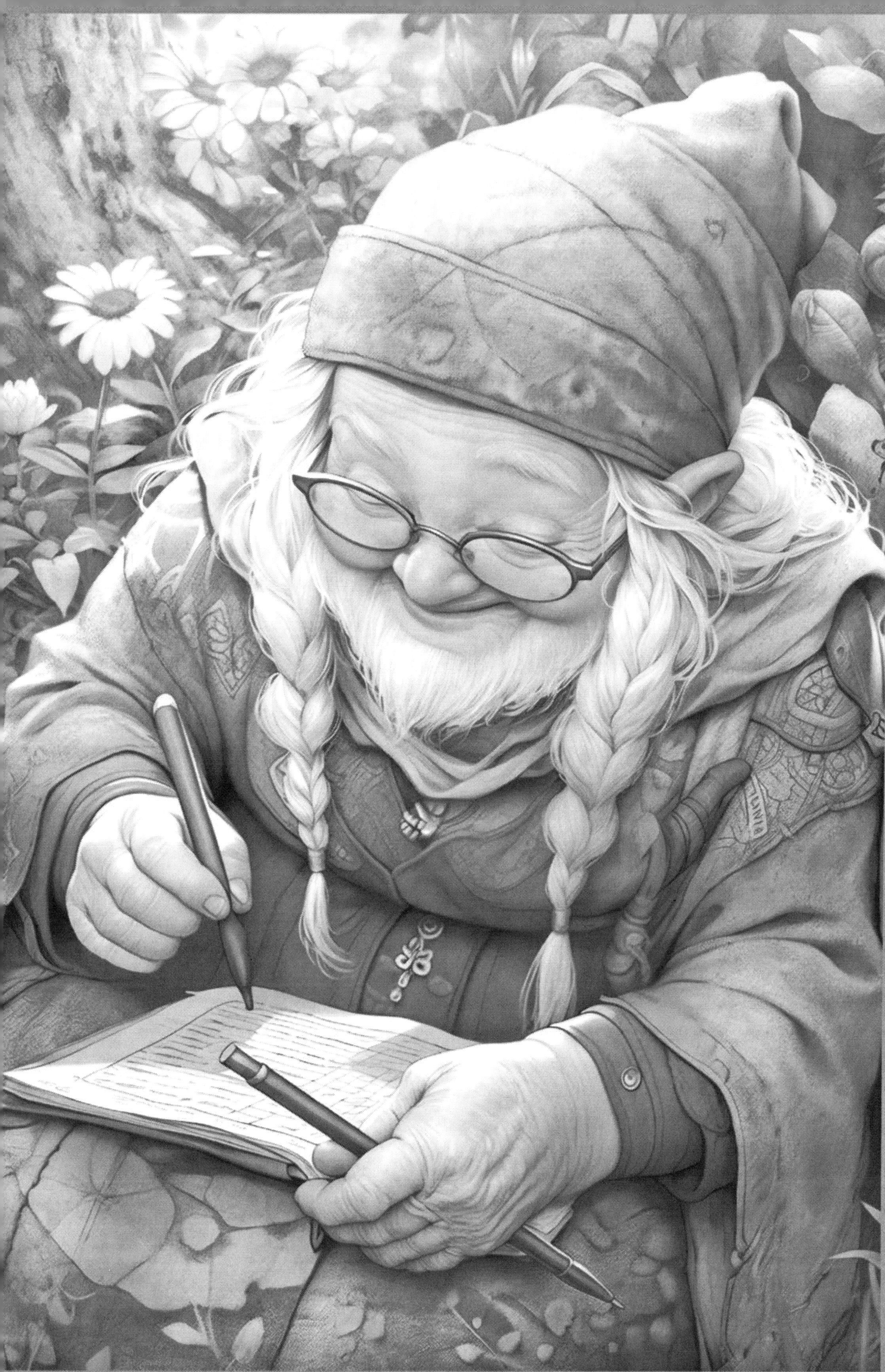

JELENA KUNSTKLEURING

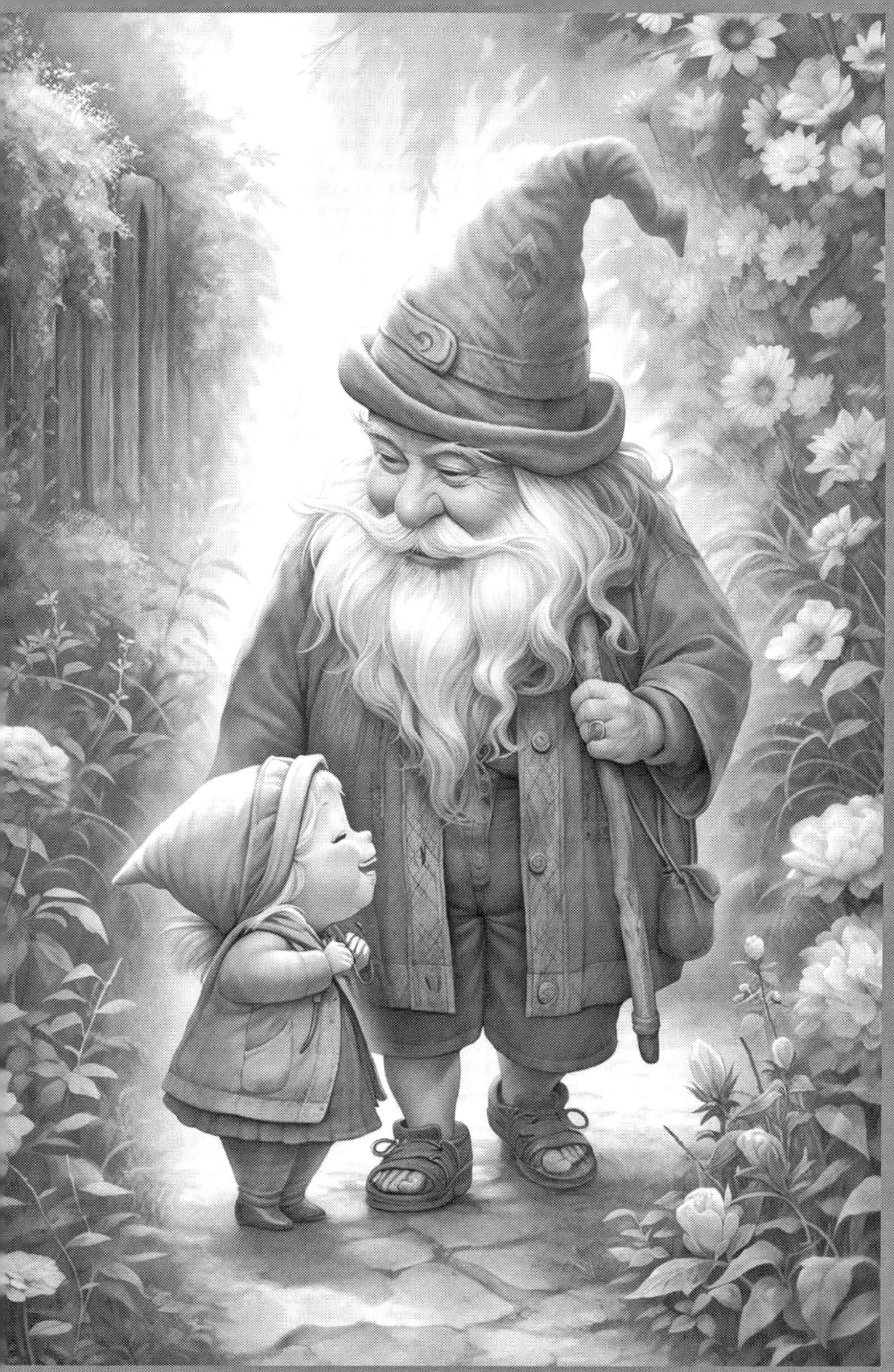

JELENA KUNSTKLEURING

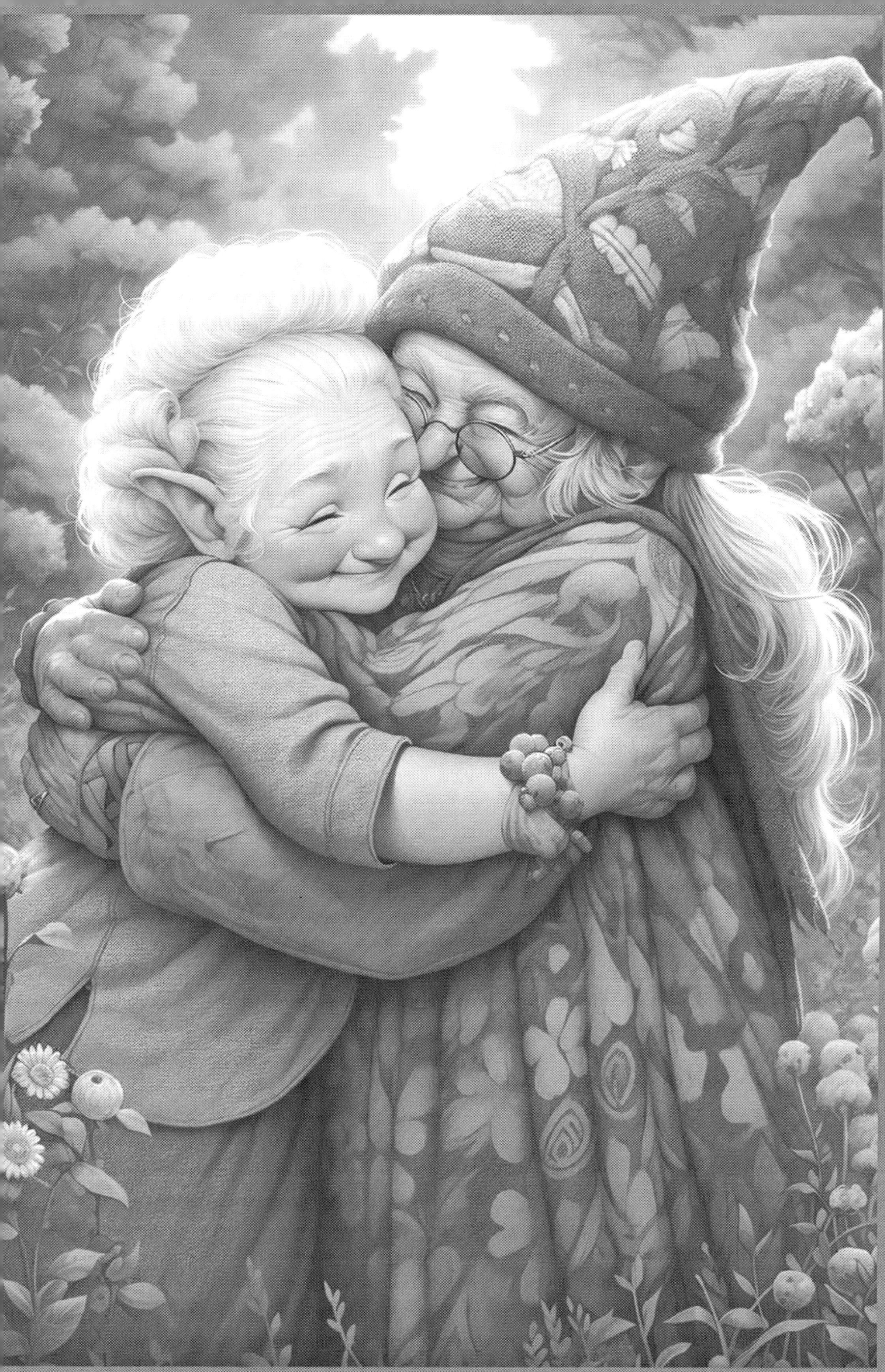

JELENA KUNSTKLEURING

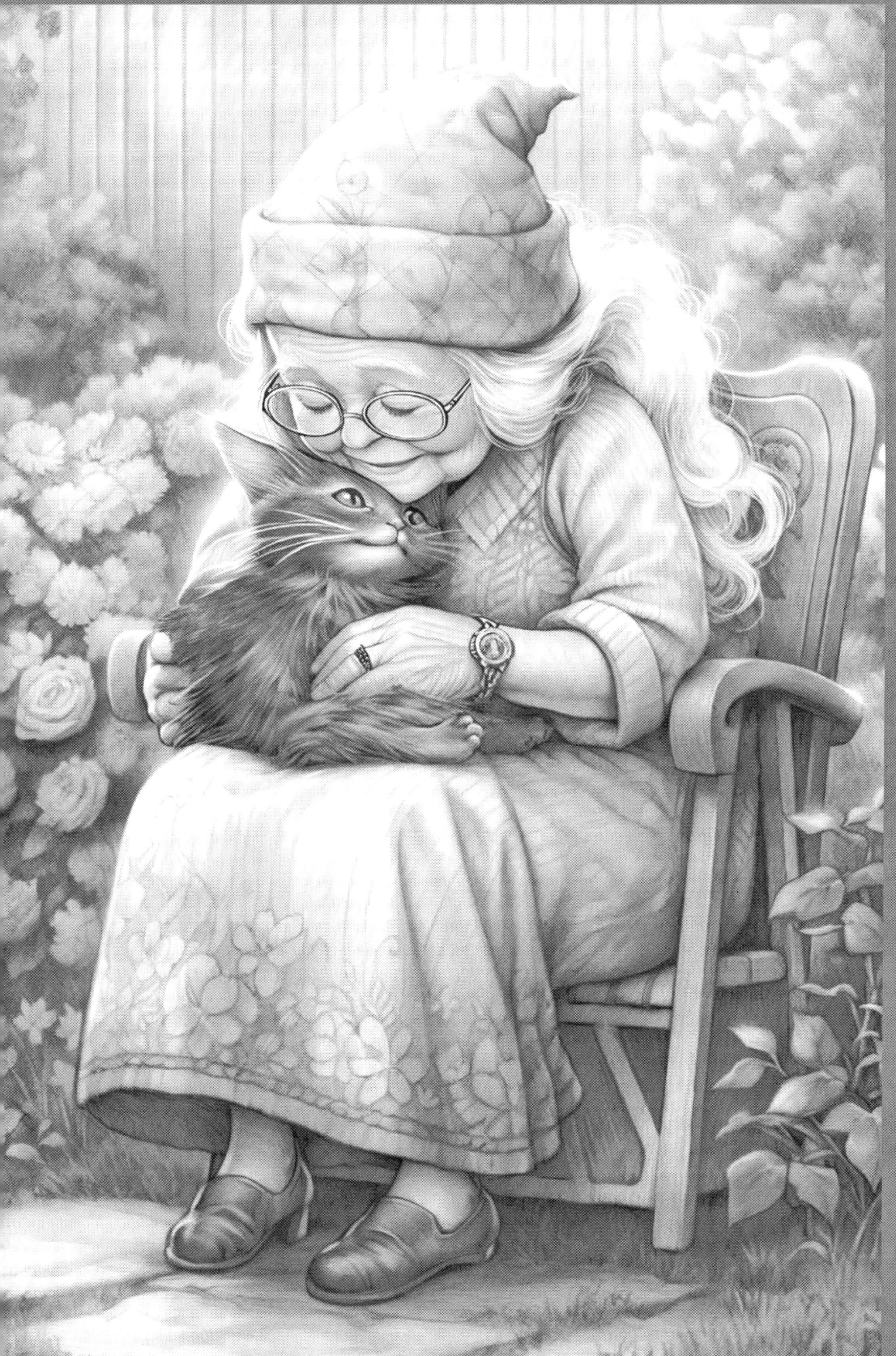

JELENA KUNSTKLEURING

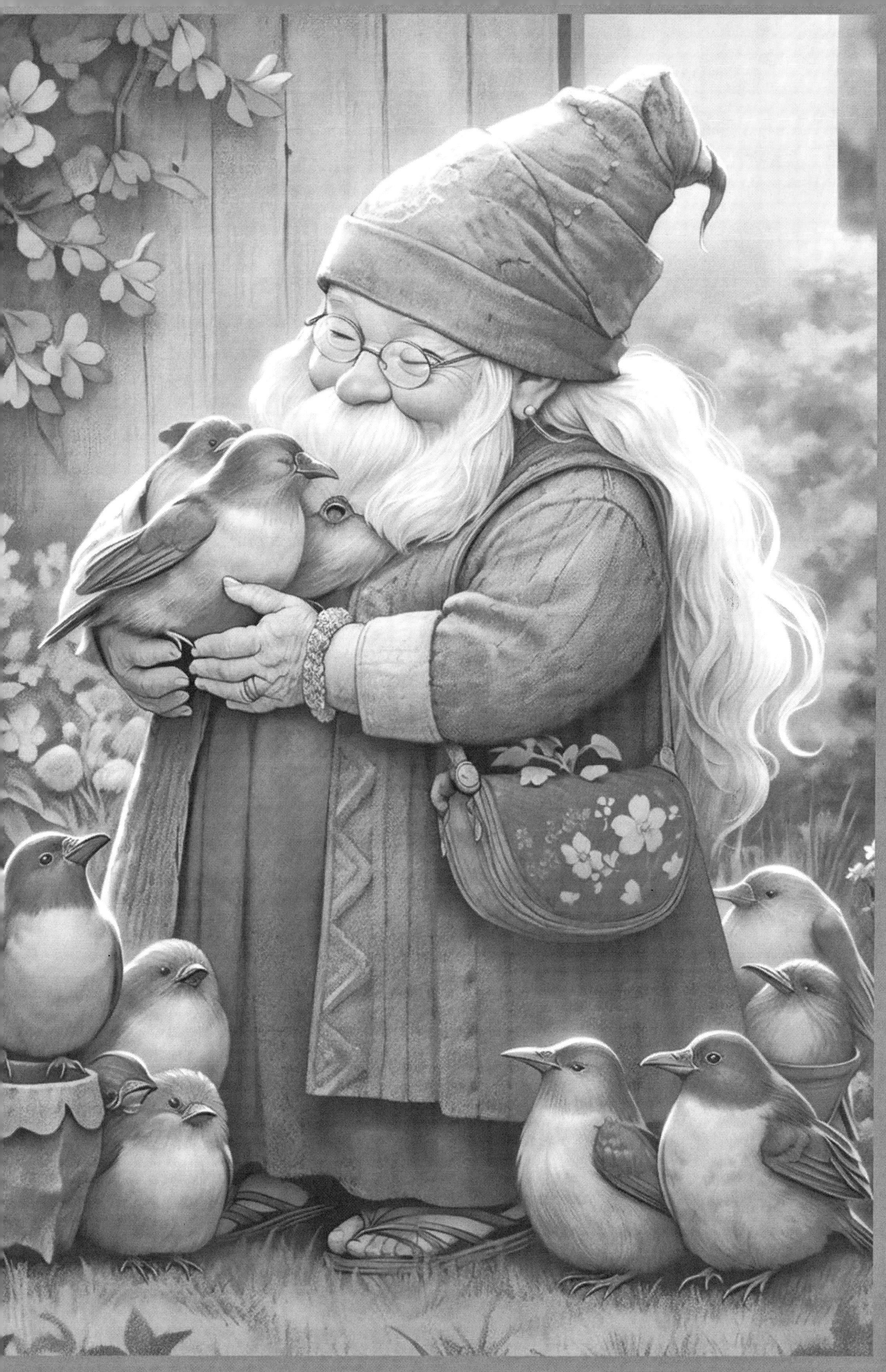

JELENA KUNSTKLEURING

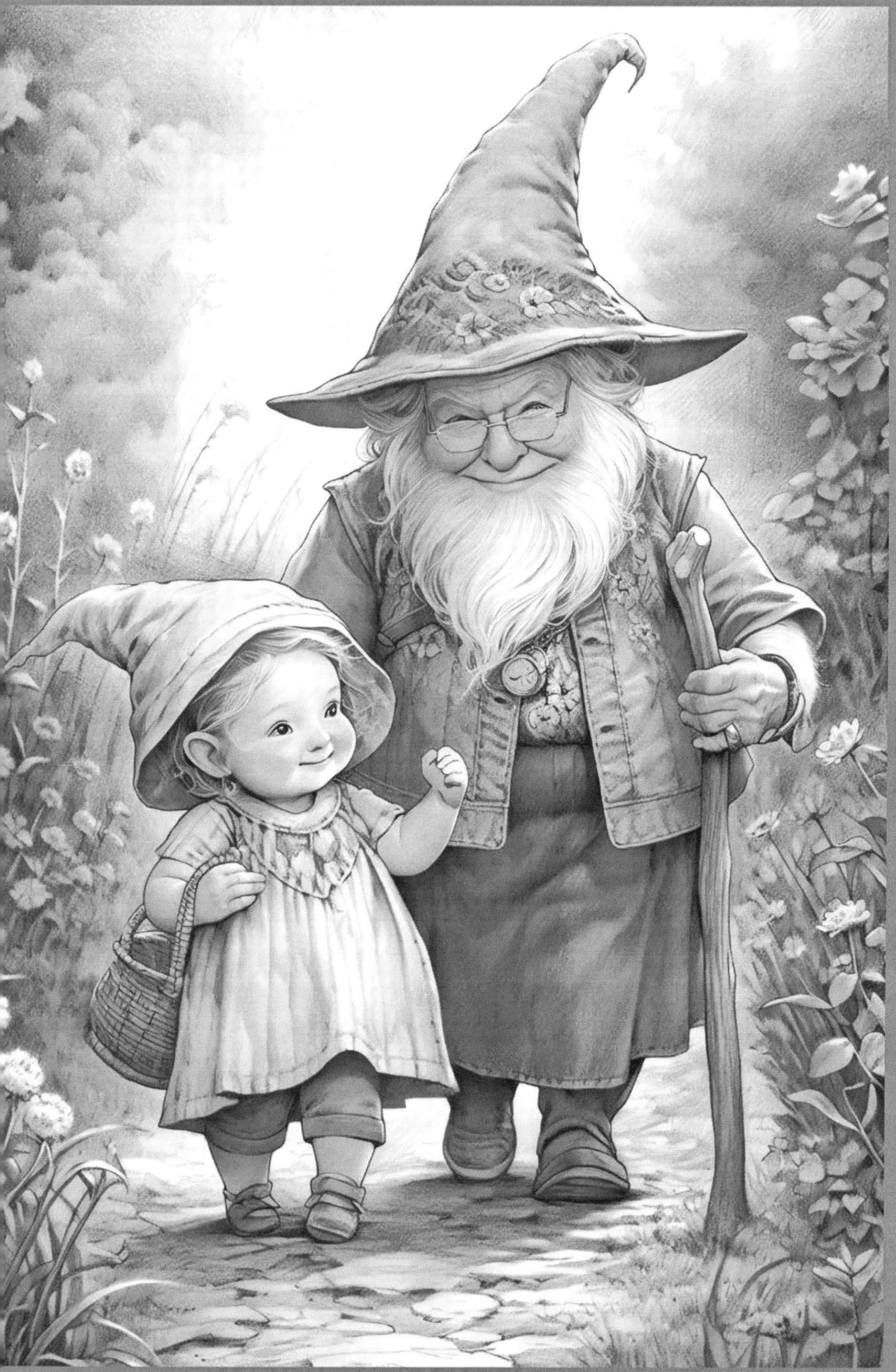

JELENA KUNSTKLEURING

JELENA KUNSTKLEURING

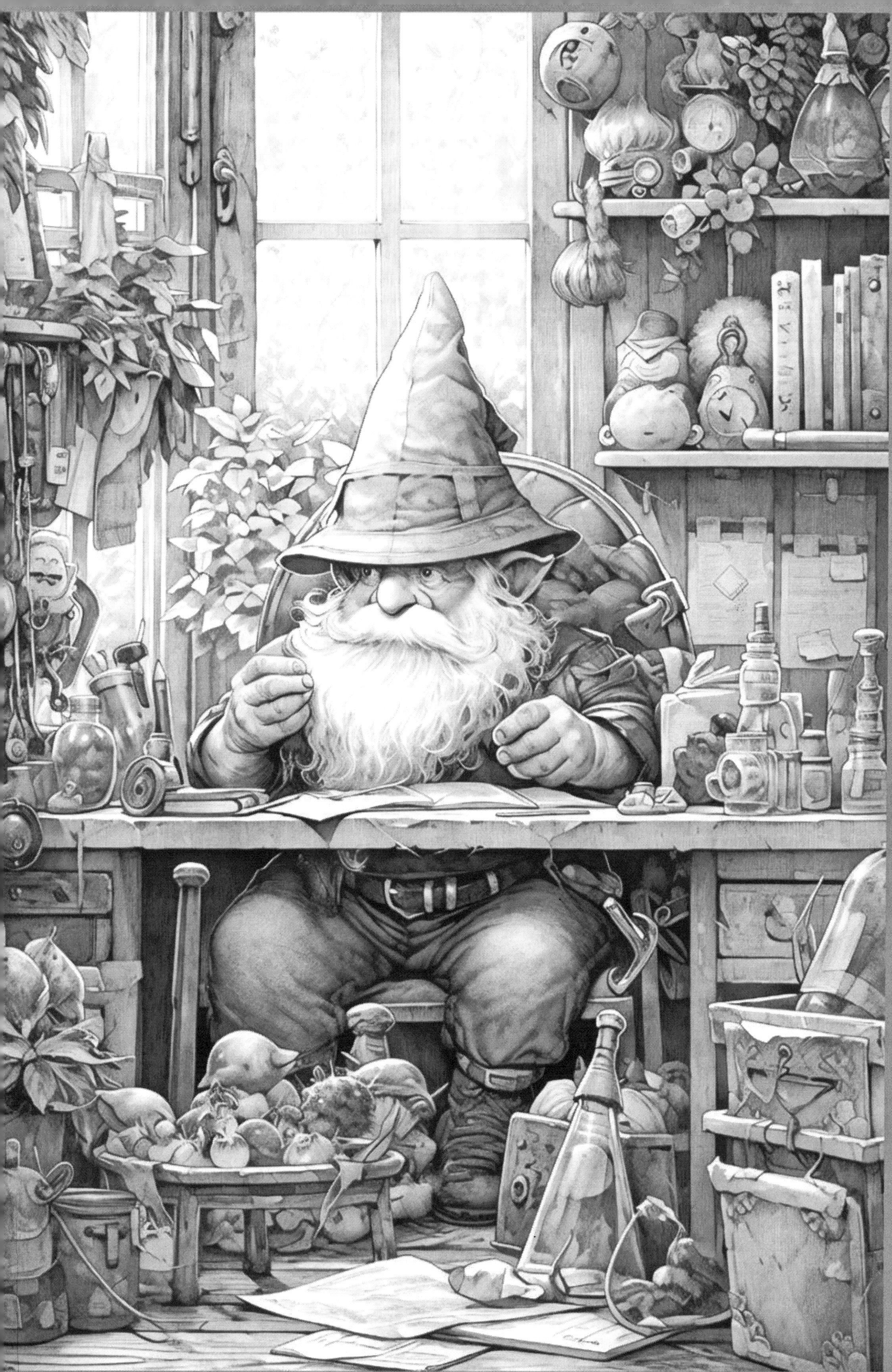

Made in the USA
Las Vegas, NV
28 April 2025